3 mars 1869

AF341767

Vente du 8 au 18 Mars 1869

(Le Blond)

ESTAMPES

ÉCOLE FRANÇAISE DU XVIII° SIÈCLE

EXPOSITIONS PUBLIQUES

Les Dimanches 7 et 14 Mars 1869

Mᵉ **DELBERGUE-CORMONT**, Commissaire-Priseur

M. **LOIZELET**, Expert

PARIS — 1869

EX LIBRIS LEMARIE

CATALOGUE

DES

ESTAMPES

DE L'ÉCOLE FRANÇAISE DU XVIIIe SIÈCLE

D'APRÈS

Baudouin, Boucher, Chardin, Fragonard, Freudeberg
Jeaurat, Lancret, Moreau jeune, Pater
de Troy, Watteau, etc.

PORTRAITS ET VUES — PIÈCES EN COULEUR

PAR

BONNET, DEBUCOURT, DEMARTEAU, JANINET ET AUTRES

PIÈCES HISTORIQUES

SCÈNES DE MŒURS, COSTUMES, CARICATURES

RECUEILS

Un Volume de Dessins de Bérain pour un Carrousel; Molière, par
Boucher; Le Sacre de Louis XVI, les Métamorphoses d'Ovide, les
Fables d'Oudry, Costumes et Modes, etc.

LE TOUT COMPOSANT

La précieuse Collection de M. L***

DONT LA VENTE AURA LIEU

HOTEL DES COMMISSAIRES-PRISEURS

Rue Drouot, 5

SALLE N° 4, AU PREMIER ÉTAGE

Le Lundi 8 Mars 1869, et jours suivants

A UNE HEURE

Me **DELBERGUE-CORMONT**, Commissaire-Priseur,
rue de Provence, 8,

Assisté de M. **LOIZELET**, marchand d'Estampes,
rue Visconti, 15, au premier,

CHEZ LESQUELS SE DISTRIBUE LE PRÉSENT CATALOGUE.

EXPOSITIONS PUBLIQUES

Les Dimanches 7 et 14 Mars 1869, de 1 heure à 4 heures.

PARIS — 1869

ORDRE DES VACATIONS

PREMIÈRE VACATION. — *Lundi 8 Mars 1869*

Baudoin, Bonnet, Boucher. . . . . Nᵒˢ   1 à   235

DEUXIÈME VACATION. — *Mardi 9.*

Boucher, Chardin, Debucourt. . . . . . . Nᵒˢ 236 à   470

TROISIÈME VACATION. — *Mercredi 10.*

Demarteau, Detroy, Eisen. . . . . Nᵒˢ 471 à   705

QUATRIÈME VACATION. — *Jeudi 11.*

Fragonard, Freudeberg, Greuze. . , . . . Nᵒˢ 706 à   940

CINQUIÈME VACATION. — *Vendredi 12.*

Jeaurat, Lancret, Lawrince. . . . . . . Nᵒˢ 941 à 1175

SIXIÈME VACATION. — *Samedi 13.*

Moreau, Nattier, Pater, Saint-Aubin. , . . . Nᵒˢ 1176 à 1410

SEPTIÈME VACATION. — *Lundi 15.*

Silvestre, Vanloo, Watteau. . . . . . . Nᵒˢ 1411 à 1645

HUITIÈME VACATION. — *Mardi 16.*

Watteau, Wille, Portraits. . . . . Nᵒˢ 1646 à 1880

NEUVIÈME VACATION. — *Mercredi 17.*

Portraits. . . . . Nᵒˢ 1881 à 2115

DIXIÈME VACATION. — *Jeudi 18.*

Portraits, Pièces historiques, Modes, Recueils. . Nᵒˢ 2116 à 2351

Première Exposition publique, le Dimanche 7 Mars 1869, des Estampes qui seront vendues du Lundi 8 au Samedi 13 inclusivement, Nᵒˢ 1 à 1410.

Deuxième Exposition publique, le Dimanche 14 Mars, des Estampes qui seront vendues du Lundi 15 au Jeudi 18 inclusivement, Nᵒˢ 1411 à 2351.

CONDITIONS DE LA VENTE

Elle sera faite au comptant.

Les Acquéreurs paieront, en sus des adjudications, CINQ POUR CENT, applicables aux frais.

M. LOIZELET, dirigeant la vente, se charge des commissions.

NOTA — Les lots pourront être divisés à la volonté du vendeur.

AVANT-PROPOS

La précieuse Collection d'Estampes, dont nous
donnons le Catalogue, a été patiemment réunie
par M. L***, amateur d'un goût éclairé. C'est une
des plus nombreuses et des plus intéressantes qui
puissent fixer l'attention des Collectionneurs, de
ceux surtout qu'attire l'École spirituelle et charmante du xviii° siècle.

Il nous serait impossible d'énumérer ici toutes
les pièces de premier ordre que renferme cette Collection, et cet Avant-Propos n'a d'autre objet que
d'appeler toute l'attention des Amateurs sur notre
Catalogue, dont l'importance n'échappera à personne,
aussi bien par la beauté que par la multiplicité des
pièces qui y sont décrites. Citons, cependant, à titre
de renseignements, quelques-unes des nombreuses
épreuves avant la lettre qu'on y rencontrera.

Baudouin, le Carquois épuisé, le Coucher de la mariée, les quatre Parties du jour. Boucher, le Départ et le Retour du courrier. Chardin, le Dessinateur, d'après le modèle. Debucourt, le Menuet, la Noce au château. Fragonard, l'Escarpolette (avant la dédicace). Lawrince, la Consolation de l'absence, les Soins mérités. Moreau, le Festin, le Bal masqué. Saint-Aubin (Aug. de), le Concert, le Bal. Watteau, l'Assemblée galante, la Fête vénitienne, les deux Cousines, etc.

Enfin, pour terminer, signalons aussi à l'attention des Amateurs, le grand choix qu'ils trouveront dans notre Collection, parmi les inimitables Estampes en fac-simile, où Demarteau et ses émules ont sû reproduire, avec une si étonnante perfection, les Dessins à la sanguine et aux divers crayons qu'ont prodigué de leur temps, les Boucher, les Bonnet et autres maîtres faciles et gracieux du xviiie siècle.

DÉSIGNATION

DES

ESTAMPES

<table>
<tr><td>15 —</td><td>

1 A. E. G. Femme fouettée par L'Amour, avec des roses, par Valperga. Très-belle ép. avant la lettre.</td></tr>
</table>

8.50 **13 Aveline** (P.) del. et sculp. Vénus à sa toilette. Le Triomphe de Flore. Par E. Cousinet. 2 pièces.

1 - **14 Balen** (Van). Le Repos de Diane, par Durmer. Très-belle ép.

7.50 **15 Barbier.** La Jolie Baigneuse sortant du bain, par Copia. Très-belle ép. avant la lettre. — La même avec la lettre. 2 pièces.

14 - 16 — L'Heureux Berger, par Jubier. L'Eau, par Bonnet. 2 pièces en couleur.

9 **17 Barthelmy.** Bacchante jouant des cymbales, par Scheneker. Très-belle ép. avant la lettre, en couleur.

4 — La même, en bistre.

87 - **18 Baudoin.** Le Modèle honnête, gravé à l'eau-forte par J.-M. Moreau le jeune, et terminé au burin par Simonet. Superbe ép. avant toutes lettres. Rare.

18.50 19 — La même pièce avec le titre, avant les armes et la dédicace. Très-belle ép.

6.50 20 — La même pièce avec la lettre.

+ 78 - 21 — La Sentinelle en défaut, par N. Delaunay. Superbe ép. avant la lettre.

9.50 22 — La même ép. avec la lettre.

+ 98 - 23 — L'Épouse indiscrète, par de Launay. Magnifique ép. avant toutes lettres. Très-rare.

+ 17 24 — La même pièce avec la lettre. Très-belle ép. Grandes marges.

+ 4 25 — Le poète Anacréon, par De Launay. Très-belle ép.

60 - 26 — La Soirée des Tuileries, par Simonet. Superbe ép. avant toutes lettres. Toutes marges. Très-rare.

9 - 27 — La Toilette, par N. Ponce. Très-belle ép.

83 - 28 — Le Lever, par Massard. Superbe ép. avant la lettre et la bordure. Le titre et les noms d'artistes à la pointe. Très-rare.

76 - 29 — La même pièce avant la lettre et avec la bordure. Rare.

30 **Baudoin**. La même pièce avec la lettre. Très-belle ép.

31 — La Rencontre dangereuse, par Le Veau. Très-belle ép.

32 — Rose et Colas, par Simonet. Superbe ép. avant la lettre.

33 — La même pièce avec la lettre. Très-belle ép.

34 — Le Danger du tête-à-tête, par Simonet. Épreuve avant toutes lettres et avant le cartouche du bas. Les armes au milieu du bas ont été effacées dans les épreuves postérieures. Très-rare de cet état.

35 — La même pièce avec la lettre. Très-belle ép.

36 — Le Catéchisme. Le Confessionnal. 2 pièces gravées par Moitte. Très-belles ép.

37 — Le Fruit de l'Amour secret, par Voyez jeune. Superbe ép. avant toutes lettres. Très-rare. Grandes marges.

38 — La même pièce avec la lettre. Très-belle ép.

39 — Les Parties du Jour, suite de 4 pièces gravées par de Ghendt. Superbes ép. avant toutes lettres. Très-rare.

40 — Le Matin. Le Soir. Superbes ép. avant toutes lettres et avant les changements. Toutes marges. — Le Midi. La Nuit. Avec la lettre. Toutes marges. 4 pièces.

41 — Les Cerises, par N. Ponce. Superbe ép. avant la lettre.

42 — La même pièce avec la lettre. Très-belle ép.

43 — Annette et Lubin, par N. Ponce. Superbe ép. avant la lettre.

44 — La même pièce avec la lettre. Très-belle ép.

45 — Le Chemin de la Fortune, par Voyez jeune. Très-belle ép. avant le changement fait depuis au corset de la jeune danseuse, qui dans cet exemplaire est ouvert. Rognée au trait carré.

46 — La même pièce avec la lettre et le corset fermé. Très-belle ép.

47 Baudoin. Le Curieux, par P. Maleuvre. Magnifique ép. avant toutes lettres. Marges vierges.

48 — La même pièce avec la lettre. Très-belle ép.

49 — L'Amour à l'épreuve. Épreuve d'eau-forte.

50 — Le léger Vêtement, par Chevillet. Très-belle ép. avant la lettre.

51 — Le léger Vêtement. La Coquette du Village. Par Anselin, d'ap. St-Quentin. 2 pièces. Très-belles ép. faisant pendant.

52 — Perrette, par Guttemberg. Jeune fille effeuillant une rose sur un livre, par Masquelier. Roxelane, par Lebeau d'ap. Dugoure. 3 pièces avant la lettre. Très-belles ép.

53 — Perrette, par Guttemberg. Marton, par Ponce. Roxelane. Sa taille est ravissante, par Lebeau. Jeune fille effeuillant une rose, par Masquelier. 5 pièces. Très-belles ép.

54 — Le Carquois épuisé, charmante composition, gravée par N. Delaunay. Superbe ép. avant la lettre. Très-rare.

55 — La même pièce avec la lettre. Très-belle ép.

46 — L'Enlèvement nocturne, par N. Ponce. Sup. ép. avant la lettre. Marges vierges.

57 — Le Coucher de la Mariée, charmante composition gravée à l'eau-forte, par J.-M. Moreau le jeune et terminée par Simonet. Magnifique ép. avant toutes lettres. Très-rare.

58 — La même pièce, avec la lettre. Très-belle ép.

59 — Le Jardinier galant, par Helman. Très-belle ép.

60 — Les Soins tardifs, par Delaunay. Superbe ép. avant la lettre et avant le changement de la tablette du bas. Très-rare.

61 — La même pièce avec la lettre. Très-belle ép.

62 Bénard. Repos de chasse, par Moitte. Très-belle ép.

63 **Berchet** (P.). Diane et Actéon. Gravé à la manière noire, par Smith. Très-belle ép.

64 **Bertin**. La Gaieté de Silène, par Delaunay. Très-belle ép. avant la dédicace.

65 — La même pièce avec la dédicace. Belle ép.

66 **Bethon** (Boirot). Vénus et Adonis. — Vénus et Enée. 2 pièces en pendant, gravées par J. Danzel.

67 **Boilly** (Louis). L'Optique, par Cazenave. Superbe ép. avant toutes lettres.

68 — L'Optique. Jolie petite réduction, en couleur.

69 — Le Bouquet chéri, par A. Chaponnier. Très-belle ép. avant la lettre.

70 — La même avec la lettre. Belle ép.

71 — L'Amour couronné, par Cazenave. Très-belle ép. avant toutes lettres.

72 — La même pièce en couleur. Avec la lettre. Très-belle ép.

73 — L'Amant favorisé. En couleur.

74 — L'Amant poète. L'Amant musicien. 2 pièces par Levilly. En couleur.

75 — La Jardinière. La Précaution. La Solitude. L'Attention. 4 pièces par Tresca. En couleur.

76 **Bonnet**. Vénus au bain. Diane au bain. D'après Beaufort. 2 pièces en couleur.

77 — Vénus à sa toilette. D'après Boucher. En couleur.

78 — Vénus surprise par l'Amour. Vénus caressée par l'Amour. D'ap. Boucher, aux 2 crayons. 2 pièces.

79 — Têtes de jeunes filles, d'ap. Boucher, à plusieurs crayons. 4 pièces.

80 — La Laveuse, d'ap. Boucher, à plusieurs crayons. Sur papier bleu.

81 — Vénus et l'Amour sur un Dauphin, d'ap. Boucher, à plusieurs crayons. — La même à plusieurs crayons, sur papier bleu.

6 - **82 Bonnet**. Jupiter et Danaé, d'ap. Boucher. A plusieurs
crayons.

12 - 83 — Vénus aux Colombes, d'ap. Boucher. A plusieurs
crayons.

12 - 84 — Le Repos de Vénus, d'ap. Boucher. A plusieurs
crayons.

8 . 50 85 — Vénus vue de dos tenant une colombe captive.
D'ap. Boucher.

9 - 50 86 — Vénus au bain. D'ap. Boucher.

20 - 87 — Jeune Femme nue assise sur un lit. Très-belle ép.
à la sanguine, avant la draperie. — La même à plusieurs crayons, sur papier bleu, avec la draperie.

17 . 50 88 — Le Réveil de Vénus, d'ap. Boucher. A plusieurs
tons, sur papier bleu.

19 . 50 89 — L'Amour suppliant Vénus, d'ap. Boucher. Très-
belle ép. à plusieurs tons. Sur papier gris.

3 - 90 — Jeune Bergère tenant des fleurs dans son tablier,
d'ap. Boucher. Aux 2 crayons, sur papier bleu.

8 . 50 91 — Vénus debout, d'ap. Boucher. A plusieurs crayons,
sur papier bleu.

10 . 50 92 — La Jardinière fleuriste, et autres d'ap. Boucher. **3**
pièces.

19 - 93 — Toilette du matin. Toilette du soir, d'ap. Boucher.
2 pièces.

6 - 94 — Jeune Mère, donnant à manger à son enfant, d'ap.
Boucher. Aux 2 crayons, sur papier bleu.

95 — Tetes de jeunes filles dont une tient un chat, d'ap.
Boucher. Aux 2 crayons, sur papier bleu. 2 pièces sur
une même feuille.

8 . 50 96 — Le Sommeil de Vénus, d'ap. Boucher. A plusieurs
crayons, sur papier bleu.

10 . 50 97 — Têtes de jeunes filles, d'ap. Boucher. 7 pièces.

18 . 50 98 — L'Amitié réciproque. Le Sommeil interrompu. Le
Retour des champs. L'agréable surprise. Les **Amants**
heureux, d'ap. Boucher. 5 pièces.

10 –   **99 Bonnet**. La Dormeuse. La Laveuse, et autre, d'ap. Boucher. 3 pièces.

8 –   100 — La petite Ecole, et autres. 4 pièces, d'ap. Boucher.

12 · 50   101 — Les Plaisirs bachiques, d'ap. Caresme. Aux 2 crayons, ép. avant la lettre. — La même avec la lettre.

8 · 50   102 — La belle Toilette, d'ap. Challe. En couleur.

9 –   103 — Le Matin. L'Après-midi, d'ap. Challe. 2 pièces en couleur.

10 · 50   104 — Le Déjeuner. Le Portrait chéri, d'ap. Challe. 2 pièces en couleur.

4 –   105 — La Vestale. La Coquette, d'ap. Challe. 2 pièces en couleur.

6 · 50   406 — Mme la comtesse du Barry, d'ap. Drouais. Buste fort comme nature.

10 –   107 — Le premier Pas à la Fortune, d'ap. Dubois de Sainte-Marie. La Toilette, par Duruisseau. 2 pièces en couleur.

15 –   108 — Venus couchée sur le ventre, surprise par un Amour, d'ap. Fragonard. Aux 2 crayons.

13 · 50   109 — L'Éventail cassé, d'ap. Huet. Très-belle ép. avant la lettre en couleur.

16 · 50   110 — L'Éventail cassé. L'Amant écouté. 2 pièces en couleur.

29 –   111 — Duruisseau et Léger. Les Saisons, d'ap. Huet, aux 2 crayons. 4 pièces.

36 –   112 — La Toilette, d'ap. Jollain. La Jarretière, d'ap. Huet. 2 pièces en couleur.

15 · 50   113 — Le Bain. La Toilette, d'ap. Jollain. 2 pièces en couleur.

3 · 50   114 — Vertumne et Pomone. Les Amusements de la campagne, d'ap. Lemoine et Leprince. 2 pièces.

6 · 50   115 — Costumes d'après Watteau. 2 pièces.

8 ·   **116 Bonnet**. Principes de dessin. Pastorale. L'Amour volage, à la sanguine. 6 pièces.

16·50   **117** — Études pour les demoiselle. 9 pièces.

14 ·   **118** — Têtes de jeunes filles, d'ap. Leclerc. 12 pièces.

12·50   **119** — Jeune Couple en promenade, le monsieur porte un chien sous le bras. Autre faisant pendant. 2 pièces curieuses pour les coiffures.

6·50   **120** — Le jeu de Dominos. Le jeu de Dames, d'ap. Leclerc. 2 pièces.

24 ·   **121** — Le bon Logis et pendant, d'ap. Leclerc. 2 pièces avant la lettre. — Le bon Logis, avec la lettre.

53 ·   **122 Borel**. L'Innocence poursuivie par l'Amour, par Avril. Très-belle ép. avant la lettre et avant le feuillage. — La même avec la lettre et le feuillage.

8·50   **123** — L'Amour puni, par Avril. Très-belle ép. avant la lettre et la draperie. — La même avec la lettre et la draperie.

13·50   **124** — L'Abandon voluptueux, par Dennel. Très-belle ép. avant la lettre. — La même avec la lettre.

4 ·   **125** — L'Innocence en danger, par Huot. Très-belle ép. avant l'adresse. — La même avec l'adresse.

2 ·   **126** — J'y passerai, par Delaunay. Très-belle ép.

8 ·   **127** — Il était temps, par Hémery, avant la lettre.

10 ·   **128** — La Faute est faite, permettez qu'il la répare, par Anselin. Belle ép. avant la dédicace.

  129 — Vous avez la clef... mais il a trouvé la serrure, par Anselin. Belle ép.

15 ·   **130** — Le Roi de Garbes abusant de son pouvoir. Très-belle ép. avant toutes lettres et avant la draperie.

2 ·   **131 Bouchard**. Suite de sujets dessinés d'après l'antique, gravés à l'eau-forte, par le comte de Caylus, et terminés au burin par J.-Ph. Lebas. 8 pièces, tirées à 4 sur la feuille.

75 — 132 **Boucher** del. et sculp. Tombeau d'Ant. Watteau, ép. unique, avant toutes lettres, avant la bordure et nombre de travaux ajoutés.

9 — 133 — Tombeau. La même pièce avec la lettre. Très-belles ép.

14.50 134 — Les petits Buveurs de lait. Les deux Enfants et le Chat endormis. Amour tenant un oiseau. 3 pièces eaux-fortes avant la lettre.

7 — 135 — Les petits Buveurs de lait. Les deux Enfants et le Chat endormis. Figure d'enfant, 3 pièces à l'eau-forte.

10 — 136 — Livres de diverses figures. Titres, avant et avec la lettre. 19 pièces.

12.50 137 — La Petite, reposée avant la lettre. — La même avec la lettre. 2 pièces.

70 — 138 **Boucher** (D'après). Allégorie sur Louis XV enfant. Très-belle ép. avant toutes lettres.

8 — 139 — Médaillon de Louis XV, entouré d'Amours, représentant les arts libéraux. Gravé par Cochin et Lemire.

100 — 140 — Danaé. Superbe ép. avant toutes lettres.

8 — 141 — David et Bethsabée, par Voyez. Très-belle ép. avant toutes lettres.

12 — 142 — Venus sur les eaux. Grande et belle composition gravée par P.-E. Moitte. Très-belle ép.

34 — 143 — Le Mariage de Psyché et l'Amour. Superbe ép. avant toutes lettres.

16.50 144 — Vulcain présentant à Vénus des armes pour Enée. Grande et belle composition, gravée par J. Danzel.

8.50 145 — Le Calendrier des Vieillards, par de Larmessin. Très-belle ép.

12 — 146 — Le Fleuve Scamandre, par de Larmessin. Très-belle ép.

26 — 147 — La Courtisane amoureuse, par de Larmessin. Très-belle ép.

148 **Boucher** (D'ap.). Le Magnifique, par de Larmessin. Très-belle ép.

149 — Le Messager discret, par R. Gaillard. Superbe ép. avant la lettre.

150 — La même pièce avec la lettre.

151 — La Bergère prévoyante, par Aliamet. Très-belle ép. avant la dédicace.

152 — La même pièce avec la dédicace.

153 — Les Présents du berger. Superbe ép. avant toutes lettres, par Lempereur. Très-rare.

154 — La même pièce avec la lettre. Très-belle ép.

155 — Arion, par Augustin de Saint-Aubin et Pasquier. Magnifique ép. avant la lettre.

156 — La même pièce avec la lettre. Très-belle ép.

157 — Pensent-ils au raisin? Très-belle ép. avant la lettre, par Gaillard.

158 — La même pièce avec la lettre. Très-belle ép.

159 — Vénus sur les eaux. Magnifique ép. avant la lettre, gravée par Levasseur.

160 — La même pièce avec la lettre. Très-belle ép.

161 — Vertumne et Pomone. Superbe ép. avant la lettre, gravée par Augustin de Saint-Aubin.

162 — La même pièce avec la lettre. Très-belle ép.

163 — Jupiter et Calisto. Très-belle ép. avant la lettre, gravée par R. Gaillard.

164 — La même pièce avec la lettre. Très-belle ép.

165 — La Mort d'Adonis. Superbe ép. avant toutes lettres. Rare.

166 — La même pièce avec la lettre. Rognée au trait carré.

167 — La Mort d'Adonis. La même pièce plus petite, gravée par Surugue. Très-belle ép.

168 — Le Départ et le Retour du Messager. Sup. ép. avant toutes lettres, gravées par Beauvarlet. Très-rares.

12.50 169 **Boucher** (D'ap.). Pensent-ils à ce mouton? par Mme Jourdan. Superbe épreuve avant toutes lettres et avant les armes. Très-rare.

15.50 170 — La même pièce avant la lettre, avec les armes. Très-belle ép. Rare.

4 — 171 — La même pièce avec la lettre.

30 — 172 — Vénus se préparant pour le jugement de Pâris, par de Lorraine. Superbe ép. avant la lettre. Rare.

14 — 173 — La même pièce avec la lettre. Très-belle ép.

21 — 174 — Les Bacchantes endormies, par R. Gaillard. Superbe ép. avant toutes lettres. Très-rare.

7 — 175 — La même pièce avec la lettre. Très belle ép.

20 — 176 — Le Goûter de l'Automne, par Gaillard. Très-belle ép. avant toutes lettres.

49 — 177 — Le Colin-Maillard, par Beauvarlet. Superbe ép. avant toutes lettres. Très-rare.

33 — 178 — Le Colin-Maillard. — La Bascule. 2 pièces. Très-belles ép. gravées par Beauvarlet.

22 — 179 — L'Amour enchaîné par les Grâces. Superbe ép. avant toutes lettres, par Beauvarlet.

18.50 180 — La même pièce avec la lettre. Très-belle ép.

21 — 181 — Les Plaisirs de l'Été, par Daullé. Superbe ép. avant la lettre.

25 — 182 — L'Attention dangereuse, par F. Dennel. Superbe ép. avant toutes lettres.

9 — 183 — La même pièce avec la lettre. Très-belle ép.

11.50 184 — Flore. Avant et avec la lettre. 2 pièces.

9 — 185 — Les Deux confidentes, par J. Ouvrier. Superbe ép. avant la lettre. Les noms d'artistes à la pointe.

4 — 186 — La même pièce avec la lettre. Très-belle ép.

31 — 187 — La Pêche. — La Chasse. 2 pièces faisant pendant, gravées sous la direction de Beauvarlet. Très-belles ép.

7—50 188 — La Fécondité. — Les Sabots, par Gaillard. 2 pièces. Très-belles ép.

64 — **189 Boucher** (D'ap.). Naissance et Triomphe de Vénus, par Daullé. Superbe ép. avant toutes lettres et avant l'entourage. Très-rare.

39 — 190 — La même pièce avec la lettre et l'entourage. Très-belle ép.

63 — 191 — La Naissance de Vénus. — La Toilette de Vénus, par Duflos. 2 pièces faisant pendant. Très-belles ép.

70 — 192 — Les Charmes de la vie champêtre, par Daullé. Superbe ép. avant toutes lettres. Très-rare.

16 — 193 — La même pièce avec la lettre. Très-belle ép.

7-50 194 — L'Obéissance récompensée, par Gaillard. Très-belle ép. avant la lettre. Très-rare.

2 — 195 — La même pièce avec la lettre. Très-belle ép.

40 — 196 — La Baigneuse surprise, par J. Daullé. Superbe ép. avant la lettre et les armes.

34 197 — La même pièce avant la lettre et avec les armes. Superbe ép.

6 — 198 — La même pièce avec la lettre. Très-belle ép.

80 — 199 — Pan et Syrinx, par Pitre Martenasie. Très-belle ép. avant la lettre.

9-50 200 — La même pièce avec la lettre.

40 — 201 — Jupiter et Léda. Ep. avant toutes lettres, gravé par Ryland. Superbe.

14-50 202 — La même pièce avec la lettre. Très-belle ép.

3-50 203 — La Confidence, par Miger. Belle ép.

36 — 204 — Votre Accord n'a rien qui m'étonne, par Aveline. Très-belle ép. avant les vers. — La même pièce avec 4 vers au bas.

25 — 205 — L'Enlèvement d'Europe, par Pelletier. Andromède, par Aveline. 2 pièces.

3-50 206 — L'Amour au bain, par Dagy. Très-belle ép.

31 — 207 — Les Amours pastorales. Suite de quatre estampes, gravées par Duflos. Très-belles ép.

25 — 208 — Le Pasteur galant. Le Pasteur complaisant. 2 pièces

faisant pendant, gravées par A. Laurent. Très-belles
ép.

37   209   **Boucher**. La belle Dormeuse, par Ryland. Très-belle
ép. avant la lettre. — La même pièce avec la lettre.

16 -   210   — L'Amour modeste, par Michel. Très-belle ép.

30 -   211   — Le Trait dangereux, par Poletnich.

9 -   212   — Le Repos de la Volupté, par Michel. Très-belle
ép.

20 -   213   — Le Réveil, par Levesque.

12 -fo   214   — L'Amour désarmé, par Et. Fessard. Très-belle
ép.

88 -   215   — L'Hymen et l'Amour, par Beauvarlet. Superbe ép.
avant toutes lettres.

18 -   216   — La même pièce avec la lettre. Très-belle ép.

20   217   — La Pêche, Beauvarlet Direxit. Sup. ép. avant la
lettre.

12 -fo   218   — Les Grâces au bain, par Ryland. Très-belle ép.

3 -   219   — Foire de campagne, par Cochin fils. Très-belle
ép.

4 -   220   — La Bergère attentive, par Elluin.

8 . fo   221   — Le dévot Hermite. Colombier. Abreuvoir d'oiseaux.
3 pièces, par Chedel. Très-belles ép.

2   222   — Les Serments du berger, par Lempereur.

9 -   223   — La Naissance d'Adonis, par Scotin. Très-belle
ép.

38   224   — Les Charmes du printemps. Les Plaisirs de l'été.
Les Délices de l'automne. Les Amusements de l'hiver.
Suite de 4 pièces, par Daullé. Très-belles ép.

4 -   225   — Silvie fuit le loup qu'elle a blessé, par Lempereur.
Très-belle ép.

12 -   226   — L'Amour ranime Aminte dans les bras de Sylvie.
Sylvie guérit Philis de la piqûre d'une abeille. 2
pièces faisant pendant, par Lempereur. Très-belles
ép.

18 .   227   — Le Déjeuner, par Lépicié. Très-belle ép.

228 **Boucher**. Le Moineau apprivoisé, par Gaillard. Très-belle ép. avant la lettre.

229 — La même pièce avec la lettre. Très-belle ép.

230 — L'Enlèvement d'Europe, par Aveline. Très-belle ép.

231 — L'enlèvement d'Europe, par Duflos. Très-belle ép. avant la lettre.

232 — La même pièce avec la lettre. Très-belle ép.

233 — Première et seconde Vue de Charenton, par Ph. Lebas. 2 pièces.

234 — Première et seconde Vue des environs de Beauvais, par Ph. Lebas. 2 pièces.

235 — Vue d'une Tour près de Blois. Le Berger Napolitain. Vue du Pont des Lavandières. Le Pont rustique. Paysages. 3 pièces.

236 — Cartouches divers. 5 pièces, par Huquier.

237 — Quos ego. Frontispice gr. in-f°, par P. Aveline. — Le même réduit, par Tilliard. 2 pièces.

238 — Frontispice gr. in-f° pour une thèse dédiée à Mme de Pompadour. Très-belle ép. avant toutes lettres.

239 — Le Pêcheur. Paysage par Chedel. Autre, par Saint-Non. 2 pièces.

240 — La Blessure sans danger, par Miger. Très-belle ép.

241 — Les Douceurs de l'été, par Moitte.

242 — De trois Choses, en ferez-vous une. Elle mord à la grappe. 2 pièces gravées par Jean Pasquier. Très-belle ép.

243 — La Lumière du monde, par Et. Fessard.

244 — L'Amour instruit par Mercure. Vénus donnant du nectar à l'Amour. 2 pièces gravées par F. Basan.

245 — Le Moulin. Le Pont. 2 pièces gravées en ovale, par P. Laurent. Très-belles ép.

246 — La jeune Bergère, par Voyez.

247 — La Vie champêtre, par Elisabeth Lépicié.

10 - 248 **Boucher**. Le Matin. Le Midi. Le Soir. 3 pièces gravées par Petit.

11. fo 249 — Les Fruits du ménage, par Vasseur. Très-belle ép.
avant la lettre.

5 - 250 — La même ép. avec la lettre.

7 - 251 — L'aimable Ménagère, gravé par Duverbret. Départ
de Jacob, par Elisabeth Cousinet. 2 pièces.

7 - 252 — Les Buveurs de lait, par Daullé. Très-belle ép.
avant la lettre.

4 - 253 — La même pièce avec la lettre. Très-belle ép.

8. fo 254 — Les Nymphes au bain, par J. Ouvrier. Très-belle
ép.

20 - 255 — Charmant Frontispice, par Choffard, pour un ouvrage d'architecture. Très-belle ép. avant la lettre.

21 - 256 — Vénus et les Amours, par R. Gaillard. Superbe ép.
avant la lettre.

8 - 257 — La même pièce avec la lettre. Très-belle ép.

+ 9 - 258 — L'agréable Leçon. Les Amants surpris. 2 pièces
faisant pendant, par Gaillard. Très-belles ép.

17 - 259 — Le Panier mystérieux. Le Berger récompensé. 2
pièces faisant pendant, par Gaillard. Très-belles ép.

20 260 — Vénus entrant au bain. Vénus sortant du bain. 2
pièces faisant pendant, par Michel. Très-belles ép.

+ 52. 261 — La Voluptueuse, par Polienith. La Dormeuse, par
Michel. 2 pièces faisant pendant. Très-belles ép.

8. fo 262 — La Musique pastorale. Les Amusements de la campagne. 2 pièces faisant pendant, par Daullé. Très-belles
ép.

2 - 263 — Neptune et Amymone, par Danzel. Très-belle ép.

+ 19 - 264 — La belle Villageoise, par Soubeyran. La belle Cui-
sinière, par P. Aveline. 2 pièces.

5. fo 265 — La Muse Clio, par J. Daullé. Très-belle ép.

28 - 266 — La Marchande de modes, par Gaillard. Très-belle
ép.

11 - 267 — La Rêveuse, par Beauvarlet. Très-belle ép.

268 **Boucher**. La bonne Aventure, par P. B. Aveline. Très-belle ép.

269 — Le Sommeil. Le Réveil, par Huquier fils. 2 pièces.

270 — Le Trébuchet. La Musique. La Fontaine de l'Amour, par P. Aveline. 3 pièces.

271 — Psyché refusant les honneurs divins, par Ph. Parizeau. Très-belle ép.

272 — Naissance de Bacchus, par P. Aveline.

273 — Premier Livre de groupes d'enfants. Gravé par Aveline. 6 pièces.

274 — Second Livre de groupes d'enfants. Huquier exc. 6 pièces.

275 — Quatrième Livre de groupes d'enfants, par Aveline. 6 pièces.

276 — Cinquième Livre de groupes d'enfants, par Huquier; 6 pièces.

277 — Les Éléments, par Daullé. 4 pièces.

278 — Recueil de Fontaines, premier et second livre. Huquier ex. 13 pièces. Manque la planche 2 du second livre.

279 — Les Saisons, par Duflos. Suite de 4 pièces.

280 — Livre des arts, par Larue. Suite de 6 pièces.

281 — Les Saisons, par Larue. Suite de 4 pièces.

282 — Sujets d'enfants, par divers. 7 pièces.

283 — Fête à Bacchus. Pêcheurs. Le Retour de chasse. Huquier ex. 3 pièces.

284 — L'Été, l'Automne et l'Hiver, par Aveline. 3 pièces.

285 — Boucher et Carême. L'Oiseau privé. La Colombe chérie, par Flipart. 2 pièces.

286 — Pastorales. La Chasse. Arabesques, par Huquier Leprince et Cochin fils. 4 pièces.

287 — Arabesques en hauteur, par Duflos. 4 pièces.

288 — Ecrans, par Huquier. 7 pièces.

289 — Etude dessinée par Fr. Boucher et gravée par Edme Nochez. Très-belle ép.

14 — 290 **Boucher**. Études dessinées, par François Boucher, gravées par Edme Nochez. 2 pièces. Très-belles ép.

10 . 291 — Sujets divers, gravés par Thiers, Le Ch[r] de V. Legros, etc. 13 pièces.

9·50 292 — Sujets divers. 10 pièces.

3 — 293 **Boulogne** (Louis de). Diane et Actéon, por Sornique. Très-belle ép.

10 — 294 — Les Éléments. Suite de 4 pièces gravées par Desplaces et C. Dupuis. Très-belles ép.

1 - 295 **Bounieu**. Bethsabée au bain, par Benoist. Très-belle ép. avant la dédicace.

1·50 296 **Blanchard**. Angélique et Médor, par Voyez l'aîné. Très-belle ép. avant la lettre.

3 - 297 **Briceau**. Les Plaisirs réunis, d'ap. Baudouin. A la sanguine.

7·50 298 **C**. Le Jeu de Comète, par M. A. Paris, chez Basan. Belle ép.

8·50 299 **Caneau**. Les Éléments, par Baléchou. Jolie petite suite de 4 pièces.

15 - 300 **Canot**. Le Maître de danse, par Lebas. Très-belle ép.

30 - 301 — Le Gâteau des Rois, par J. Ph. Lebas. Superbe ép. avant toutes lettres.

8·50 302 — La même pièce, avec la lettre.

15 — 303 — Le Souhait de la bonne année au grand papa, par Lebas. Très-belle ép.

14 304 **Caresme**. Le Réveil du carlin, par Carrée. Très-belle ép. avant la lettre. — La même avec la lettre.

10·50 305 — La joyeuse Orgie, par Hémery. Ep. avant la lettre. — La même, avec la lettre.

4·50 306 — Le Satyre impatient. En bistre, avant toutes lettres.

15 - 307 — Le Satyre impatient. par J. Anselin. Très-belle ép. avant la dédicace.

8·50 308 — La même pièce, avec la dédicace. Très-belle ép.

10 — 309 **Caresme**. Les Amants satisfaits. L'Amant effrayé, par Phelipeau. 2 pièces. En couleur.

3 — 310 — La tendre Éducation. A Paris chez Eluin. Très-belle ép.

4 1 - 311 — Le Satyre amoureux. La Bacchante énivrée, par Janinet. 2 pièces avant toutes lettres. En couleur.

2 4 312 — Les mêmes, avec la lettre.

19 - 313 — Le Culte systématique. Bacchus préside à la fête, par Janinet. 2 pièces avant toutes lettres. En couleur.

19 . 314 — Les mêmes avec la lettre. Très-belles ép.

4 - 315 — Le Refus inutile. Le Baiser napolitain. Le Baiser rendu, par Flipart. 3 pièces.

3 - 316 — La petite Thérèse, par Couché.

3 . 0 317 **Carrache** (An.) La Toilette de Vénus, par A. Picart. Très-belle ép.

3 - 318 **Cazes** (Pierre-Jacques). L'Amour aiguisant ses flèches. Pyrame et Thisbé. 2 pièces, gravées par Levesque et Louis Lempereur. Très-belles ép.

5 - 319 — Achille et Deidamie. Psyché et l'Amour. Apollon et Issé. Hercule et Omphale. Zéphire et Flore. 5 pièces.

9 . 0 320 **Challe** (M.-A.) Zéphire et Flore. Jupiter et Léda. 2 pièces gravées par J.-B. Tilliard.

3 . 0 321 — Le Sommeil de Vénus, par Levillain. Superbe ép. avant la lettre.

8 . 322 — The officious Waiting Woman. Pièce gracieuse, par Chaponnier. Très-belle ép.

20 - 323 — Le Panier renversé, par E. Buisson. En couleur. Superbe ép. avant toutes lettres.

3 . 0 324 — La même, avec la lettre. En noir.

2 - 325 — Quand l'Hymen dort l'Amour veille, par Maucler. En couleur.

5 - 0 326 — La Saison des amours, par A. Legrand. Très-belle ép. avant toutes lettres. En noir.

10 . 327 — La même avec la lettre. En couleur.

328 **Challe** (M.-A.). Les Espiègles. L'Amant surpris, par Descourtis. 2 pièces. Très-belles ép. En couleur.

329 — Le Garde-Chasse scrupuleux, par Legrand. En couleur.

330 — Le Fidèle indiscret, par Gaillard. Belle ép.

331 — Le Souvenir agréable, par Vidal. Très-belle ép.

331 *bis* — La même, en couleur, coupée à l'ovale.

332 — Finissez ! par Marchand. Belle ép.

333 — Le Modèle disposé, par Chaponnier. Avant la lettre.

334 — Les Appas multipliés, par Dennel. Avant la lettre.

335 — L'Amitié la console, par Ruotte. Belle ép.

336 **Chapuy**. La Réponse embarrassante, d'ap. Brion. En couleur.

337 — La Comparaison, d'après Lawrince. Jolie petite réduction avant la lettre. En couleur.

338 — La même avec la lettre.

339 **Chardin** (Jean-Baptiste-Siméon). Son Portrait peint par lui-même, et gravé par Chevillet. Très-belle ép.

340 — Le Peintre. L'Antiquaire. 2 pièces gravées par L. Surugue.

341 — La Ménagère. La bonne Mère. 2 pièces gravées par Charpentier.

342 — L'OEconome, par Ph. Lebas. Superbe ép.

343 — La Serinette, par L. Cars. Superbe ép.

344 — Le Négligé ou Toilette du matin, par Lebas. Très-belle ép.

345 — La Gouvernante, par Lépicié. Très-belle ép.

346 — La Pourvoyeuse, par Lépicié. Très-belle ép.

347 — La Ratisseuse, par Lépicié. Très-belle ép.

348 — Le Bénédicité, par Lépicié. Très-belle ép.

349 — Les Amusements de la vie privée, par L. Surugue. Très-belle ép.

350 **Chardin**. Étude du dessin, par Lebas. Magnifique ép. avant toutes lettres.

351 — La même avec la lettre. Très-belle ép.

352 — Les Tours de cartes, par L. Surugue. Très-belle ép.

353 — Le Château de cartes, par Fillœul. Très-belle ép.

354 — Le Château de cartes, par Lépicié. Très-belle ép. Manque de fraîcheur.

355 — Le Jeu de l'Oie, par L. Surugue. Très-belle ép.

356 — La Bonne Éducation, par Lebas. Très-belle ép.

357 — La Maîtresse d'École, par Lépicié. Très-belle ép.— Le même sujet, gravé en contre-partie, par Simon Duflos. 2 pièces.

358 — Le Souffleur, par Lépicié. Très-belle ép.

359 — La Fontaine, par C.-N. Cochin. Superbe ép.

360 — La Blanchisseuse, par C. N. Cochin. Superbe ép.

361 — Le Tôton, par Lépicié. Très-belle ép.

362 — L'Instant de la méditation, par L. Surugue. Très-belle ép.

363 — Jeune Fille à la raquette, par Lépicié. Très-belle ép.

364 — L'Inclination de l'âge, par L. Surugue. Très-belle ép.

364 *bis* — Le Bénédicité. La Mère trop rigide. Le Négligé ou Toilette du matin. 3 pièces, réductions. A Paris, rue Saint-Jacques.

365 — La Mère laborieuse, par Lépicié. Très-belle ép.

366 — Les Osselets. Les Bouteilles de savon. 2 pièces gravées par Fillœul. Très-belles ep.

367 — Dame prenant son thé, par Fillœul. Très-belle ép.

368 — L'Écureuse, par C. W. Cochin. L'Enfant gâté. La Mère trop rigide. La Souricière. Ces 3 dernières gravées par Charpentier. En tout 4 pièces.

369 **Charpentier** (Philippe). Les Grâces, d'ap. Boucher, à l'aqua-tinte.

370 **Chaull**. La Ruelle, par Malapeau. Très-belle ép. avant la lettre.

370 *bis* — La même avec la lettre.

371 **Chevaux**. The Sweet Illusion, par Drarig. A la sanguine.

72 **Cipriani**. Ne Dérangez pas le monde, par Bartolonii. En couleur.

373 **Clavareau** del. et sculp. La Leçon de musique. Très-belle ép.

374 **Cochin** et **Gravelot**. Iconologie. 176 pièces, avant et avec la lettre.

375 **Colson**. Le Repos. L'Action. 2 pièces en pendant, gravées par Dupuis.

376 **Coquet**, sculp. La Soirée du Palais-Royal, d'ap. V. Très-belle ép.

377 **Cor**. Chez Moi. En couleur.

378 **Cosway**. Cupidon éveillant Vénus, par A. Cardon. En couleur.

379 **Coypel** (Ant.). Allégorie, à Jean-Paul Bignon, par Desplaces. Très-belle ép.

379 *bis* — Allégorie, représentant Minerve montrant à Louis XV enfant le Temple de la gloire, par Pierre Drevet. Très-belle ép.

380 — Renaud et Armide, par Dupuis. Très-belle ép.

380 *bis* — Le Dieu de Thrace, aux Forges de Vulcain, par Tardieu. Belle ép.

381 — Silène lié par deux satyres et une nymphe. Cupidon vient au secours de Psyché. 2 pièces.

381 *bis* — Quos Ego. Zéphir et Flore. Le Bain de Diane. L'Alliance de Bacchus et de l'Amour, etc. 8 pièces.

382 — Renaud et Armide, gravé par J. Audran. Très-belle ép. avant toutes lettres.

383 — La même, avec la lettre. Belle ép.

384 — Un des Tableaux de la grande galerie du Palais-Royal. Gravé par Duchange.

385 **Coypel**. Vénus sur les eaux, par Desplaces. L'Amour piqué par une abeille, par Cl. Duflos. **2** pièces.

386 — La Matrone d'Ephèse, par L. Desplaces. Très-belle ép.

387 — Roland apprend par les Bergers la perfidie d'Angélique. par P. Surugue. Très-belle ép.

388 — Jeu d'enfants, par Lépicié. Très-belle ép.

389 — Thalie chassée par la Peinture, par Lépicié. Belle ép.

390 — Le Triomphe de Vénus, par Simonneau. Très-belle ép.

391 — Illustrissimo viro Joan Paulo Bignonio, par Desplaces.

392 — L'Hymen de Bacchus et d'Ariane. Le Triomphe de Galatée. **2** pièces gravées par Cl. Duflos.

393 — Jupiter et Junon, par Duchange. Très-belle ép. avant les vers : Junon pour ranimer, etc.

394 — Madame de *** en habit de bal, par L. Surugue. Très-belle ép.

395 — Démocrite, épreuve du 1er état. La même, 2e état. **2** pièces.

396 **Coypel** (Ch.). Persée délivre Andromède, par L. Surugue. Belle ép.

397 — La Jeunesse sous les habillements de la décrépitude, par Elisabeth-Marlié Lépicié. Très-belle ép.

398 — Le Négligé galant, par Salvador Carmona. Entre deux Mouvements sans cesse partagée, par Lépicié. Ce Dépit n'est point redoutable, par L. Surugue. **3** pièces. Très-belles ép.

399 — L'Amour, par J. Daullé. Le jeune Faune amoureux, par M.-A. Croisier. **2** pièces.

400 — L'Amour enseignant l'art d'aimer, par Lépicié. Belle ép.

401 **Coypel** (N.). Le Bain de Diane. L'Alliance de Bacchus et de Vénus. **2** pièces, gravées par Ph. Lebas.

402 **Coypel** (Ant., Ch. et N.). Sujets divers. 4 pièces.

16 - 403 **Cuvilliés** (François). Morceaux de caprices à divers usages. 12 pièces.

— 404 **Dandré-Bardon**. La Naissance. L'Enfance. 2 pièces gravées par Baléchou. *avec le n° 978*

19 - 405 **Davesne**. Les Prunes. En couleur.

30 406 **Debucourt**. Promenade au Bois de Vincennes. Goûter des Anglais. 2 pièces.

14 .fo 407 — Que vas-tu faire? Qu'as-tu fait? 2 pièces.

3 .fo 408 — Les Voisines laborieuses, par Angele Moitte.

409 — Le Songe réalisé. Lise poursuivie. 2 pièces. En *18 -* noir.

17 . 410 — Pauvre Annette. Très-bel ép.

17 f - 411 — Les deux Baisers. Charmante pièce.

412 — La Main. La Rose. 2 charmantes compositions, *262 -* d'une grande fraîcheur.

120 413 — Les Bouquets. Les Compliments. 2 charmantes pièces. Très-belles ép.

4 fc 414 — Le Menuet. La Noce au château. Charmantes compositions avant toutes lettres et avant les armes. Magnifiques ép.

280 415 — La Noce au château. Superbe ép. avant la lettre, avec les armes. Toutes marges.

12 . 416 — La Rose mal défendue, par Bonnemain. Très-belle ép.

13 . 417 — La Récréation.

23 — 418 — Route du Marché.

20 — 419 — Route de Naples.

46 — 420 — Route de Saint-Cloud.

46 - 421 — Route de Poste.

2 f — 422 — Route de Poissy.

28 - 423 — Annette et Lubin. Très-belle ép.

11 f - 424 — Heur et Malheur ou la Cruche cassée. L'Escalade ou les Adieux du matin. 2 pièces. En couleur. Très-belles ép.

300 · 425 **Debucourt**. La Promenade publique, l'une des pièces capitales du maître. En couleur. Très-belle ép., collée en plein.

183 426 — Promenade de la Galerie du Palais-Royal. Très-belle ép. En couleur.

40 · 427 — Promenade du Jardin du Palais-Royal. Jolie petite réduction. En couleur.

5 · 428 — Les Gastronomes affamés. En noir.

9 — 429 — Le Café ambulant. En noir.

21 — 430 — Le Carnaval. En noir.

4 . 50 431 — Le Marchand de galette. En noir.

6 . 50 432 — Un Gourmand. En noir.

21 — 433 — Le Jour de l'an. En noir.

10 — 434 — La Leçon de musique. Très-belle avant toutes lettres. En noir.

1 — 435 — Les premiers Pas de Paul et Virginie. En couleur.

170 — 436 — L'Oiseau ranimé. En couleur. Très-rare.

20 — 437 — L'Oiseau privé, par Pinceau. Très-belle ép.

208 — 438 — Frascati. Très-belle ép. d'une jolie pièce. En couleur. Rare.

62 · 439 — Il est pris. Elle est prise. 2 pièces. Très-belles ép.

15 · 440 — Minet aux aguets. Superbe ép. avant toutes lettres. En noir.

32 · 441 — La même, avec la lettre. En couleur.

90 · 442 — La Croisée. Superbe ép. avant toutes lettres. En couleur.

21 · 443 — La même avec la lettre. En noir.

30 · 444 — La Rose mal défendue. Très-belle ép.

15 · 445 — Les petits Messieurs. Très-belle ép.

30 — 446 — Le Tailleur. Superbe ép. avant toutes lettres. En noir.

25 · 447 — La même avec la lettre. En couleur.

26 — 448 — Le Coiffeur. En couleur.

15 · 449 — Le Bottier. En noir.

57 · 450 — La Jeune Femme. En couleur.

451 — **Debucourt**. La Femme et le Mari. En couleur.

452 — La Coquette et ses Filles. En couleur.

453 — Les Galants surannés. En couleur.

454 — Le Mari n'y voit pas. Belle ép. En noir.

455 — Les Joueurs de boule.

456 — Les Joueurs de cornemuse. Superbe ép. avant la lettre. En noir.

457 — La même avec la lettre. En couleur.

458 — Les Visites. L'Orange. 2 pièces. Très-belles ép. En noir.

459 — Les Courses du matin. Très-belle ép. En couleur.

460 — La Manie de la Danse. Très-belle ép. En couleur.

461 — Illumination de la grande cascade de Saint-Cloud. En noir.

462 — Scène de brigands. Paysage, effet de neige. 2 pièces. En couleur.

463 — Le Grand-Papa. Ep. avant la lettre. En couleur.

464 — Barrière des Champs-Élysées. Très-belle ép. En couleur.

465 — Jouis, tendre mère. Superbe ép. avant toutes lettres. En couleur.

466 — La Bénédiction paternelle. Très-belle ép. avant la lettre.

468 — L'Heureuse Famille. Très-belle ép.

469 — La Main-Chaude. Très-grande pièce.

460 — Le Printemps ou les Amants.

461 — Le Séducteur amené devant le magistrat, par Leveau. Très-belle ép. avant la lettre.

462 — (D'après Mendoze.) Vent derrière. Vent devant. Très-belles ép. 2 pièces.

463 **Debucourt** (d'après Vernet). La Marchande de saucisses. Il n'y a pas de Feu sans Fumée. 2 pièces.

464 — La Marchande de cerises. La Marchande d'eau-de-vie. 2 pièces.

465 **Debucourt** (d'après Vernet). La Partie de plaisir. Adieux d'un Russe à une Parisienne. 2 pièces.

466 — Anglais en habit habillé. Les Anglais à Paris. 2 pièces.

467 — Le Coup de vent. Promenade anglaise. 2 pièces.

468 — Militaires écossais. Famille écossaise. Militaires de la garde impériale russe. 7 pièces.

469 **Defrenne**. Études de Femmes nues, d'ap. Joullain. 4 pièces.

470 **Delafosse**. Premier Livre de trophées. Attributs d'église. 5 pièces.

471 — Deuxième Livre de trophées. Attributs de guerre. 5 pièces.

472 — Troisième Livre de trophées. Attributs militaires. 5 pièces.

473 — Quatrième Livre de trophées. Attributs pastorals. 5 pièces.

474 — Cinquième Livre de trophees. Attributs de chasse et de pêche. 5 pièces.

475 — Sixième Livre de trophées. Attributs d'amour et de musique. 5 pièces.

476 — Chaises et Fauteuils. Cahier A. 4 pièces.

477 — Canapés divers. Cahier B. 4 pièces.

478 — Canapé, Sopha, Lit de repos. Cahier H. 4 pièces.

479 — Duchesses, Banquettes. Cahier K. 4 pièces.

480 — Canapés, Baignoires. Cahier R. 4 pièces.

481 — Attributs de science. 4 pièces.

482 — Lits, Canapés, Fauteuils. 7 pièces.

483 — Attributs divers. 4 pièces.

484 — **Delafosse**, **Bosse**, etc. Modèles divers de Chaises, Fauteuils, Lit, etc. 9 pièces,

485 **De la Fosse** (C.) Acis et Galathée, par J. Michault.

486 **Delahire**. Le Charme de la musique, par Chevillet.

487 **Delongueil**. Le Retour à la vertu. Les Dons impru-

dents. 2 charmantes pièces, en couleur, avant toutes lettres, avec les armes. Superbes ép.

488 **Delongueil**. Les mêmes avec la lettre. Très-belles ép.

489 **Demarteau**. Têtes de Jeunes Filles, d'ap. Boucher. A plusieurs crayons. 2 pièces.

490 — Le Petit Marchand de gâteaux, d'ap. Boucher. Aux deux crayons.

491 — Le Chat chéri, d'ap. Boucher. Aux deux crayons.

492 — Têtes de Jeunes Filles, d'ap. Boucher. Aux deux crayons. 2 pièces.

493 — Têtes de Jeunes Filles, d'ap. Boucher. Aux deux crayons. 2 pièces.

494 — Bergère endormie et pendant, d'ap. Boucher. 2 pièces.

495 — Vénus et Cupidon sur un char traîné par deux colombes, d'ap. Boucher.

496 — Le Maraudeur. Les OEufs cassés. D'ap. Boucher. 2 pièces.

497 — Vénus sur un lit de repos, la tête appuyée dans la main droite, d'ap. Boucher.

498 — Vénus, vue de dos. Deux Baigneuses. D'ap. Boucher. 2 pièces.

499 — Vénus appuyée sur une colonne; elle tient un cœur de la main gauche, d'ap. Boucher. Très-belle ép. avant toutes lettres et avant la feuille de vigne.

500 — La même avec la lettre et la feuille de vigne.

501 — Deux Baigneuses et deux Amours qui jouent avec un cygne. Jeunes Bergères au bain. D'ap. Boucher. 2 pièces.

502 — Femme à demi vêtue, portant un plat de la main droite et de la gauche un vase, d'ap. Boucher.

503 — Femme à demi vêtue couronnant le buste d'une autre femme, d'ap. Boucher.

504 — C'est la Fille à Simonette, d'ap. Boucher.

2 0 505 **Demarteau**. L'Autel de l'Amitié, d'ap. Boucher. Avant la lettre.

3 . 50 506 — La même avec la lettre.

10 — 507 — Allégorie représentant le Temps couché au pied d'une colonne entourée d'Amours. D'ap. Boucher. Avant la lettre.

4 — 508 — La même avec la lettre.

7 . 509 — Les Laveuses, d'ap. Boucher.

10 — 510 — Vénus et l'Amour dormant, d'ap. Boucher.

2 . 511 — La Sainte Famille se désaltérant à une source. d'ap. Boucher.

8 . 50 512 — Le Sommeil de Vénus, d'ap. Boucher.

6 . 50 513 — Vénus sur un dauphin, d'ap. Boucher.

6 . 50 514 — Vénus sur les eaux; elle est vue de dos, d'ap. Boucher.

6 5 515 — Les Trois Bacchantes ivres, d'ap. Boucher. Très-belle ép. avant la lettre et avant les guirlandes de feuilles de vignes. Très-rare.

22 — 516 — La même avec la lettre et les guirlandes. Rare.

27 — 517 — Très-belle contre-ép. du dessin original de Fr. Boucher.

30 . 518 — Jeune femme vue de dos, portant sur la tête une corbeille de fleurs, d'ap. Boucher. Avant la lettre.

11 — 519 — Femme nue dansant; elle tient un tambour de basque, d'ap. Boucher.

6 - 50 520 — La Danse allemande, d'ap. Boucher. Jolie pièce à plusieurs crayons.

21 — 521 — Femmes nues, debout, regardant deux colombes, d'ap. Boucher.

3 - 50 522 — Le Sommeil d'Annette, d'ap. Boucher.
      523 — Génie porté sur des nuages par deux Amours, d'ap. Boucher.

4 . 524 — Têtes de Jeunes Filles, d'ap. Boucher. Aux deux crayons. 2 pièces.

525 **Demarteau.** Jeune Fille à l'Oiseau. Autre tenant un panier de fleurs. D'ap. Boucher. 2 pièces.

526 — Bustes de Jeunes Filles, d'ap. Boucher. 2 pièces.

527 — Jeune Bergère. Jeune Mère avec ses deux enfants. D'ap. Boucher. 2 pièces.

528 — L'Éducation de l'Amour et pendant, d'ap. Boucher. 2 pièces.

529 — Le Réveil d'Annette et pendant, d'ap. Boucher. 2 pièces.

530 — Jeune Bergère endormie. Bergère et son Enfant. D'ap. Boucher. 2 pièces.

531 — Vénus dans différentes attitudes, d'ap. Boucher. 3 pièces.

532 — Études de Vénus couchées, d'ap. Boucher. 2 pièces.

533 — Jeune Mère et son Enfant dans un chariot, d'ap. Boucher. A plusieurs crayons.

534 — Ninette, d'ap. Boucher. A plusieurs crayons.

535 — Moutons et Chèvres, d'ap. Boucher. 2 pièces.

536 — Léda, d'ap. Boucher. Pièce gracieuse.

537 — Sujets et Croquis divers, d'ap. Boucher. 6 pièces.

538 — Têtes de Femmes, d'ap. Boucher. 6 pièces.

539 — Sujets et Croquis divers, d'ap. Boucher. 10 pièces.

540 — Sujets et Croquis divers, d'ap. Boucher. 11 pièces.

541 — Sujets divers, d'ap. Boucher. 12 pièces.

542 — Sujets d'Enfants, d'ap. Boucher. 7 pièces sur 4 feuilles.

543 — Sujets divers, d'ap. Boucher. 6 pièces.

544 — Têtes de Femmes, d'ap. Boucher. 4 pièces.

545 — Jeune Femme lisant les Lettres d'Héloïse à Abeilard, d'ap. Boucher. Aux trois crayons.

546 — Tête de Jeune Femme, d'après Boucher. Aux trois crayons.

547 — Tête de Jeune Fille, d'après Boucher. Aux trois crayons. Sur papier teinté vert.

548 **Demarteau**. Femme nue, à demi couchée, d'ap. Boucher.

549 — Vénus couchée sur un lit de repos, d'ap. Boucher.

550 — Le Chat emmailloté, d'ap. Boucher.

551 — Vénus et l'Amour. Vénus assise. D'ap. Boucher. 2 pièces. Aux deux crayons.

552 — Vénus désarmée par les Amours, d'ap. Boucher. Très-belle ép. avant la lettre. Aux deux crayons.

553 — Vénus désarmée par les Amours. Vénus couronnée par les Amours. D'ap. Boucher. 2 pièces. Aux deux crayons.

554 — Le Dénicheur de moineaux. Jeune Couple se tenant embrassé. D'ap. Boucher. 2 très-jolies petites pièces en ovale. Aux deux crayons.

555 — La Leçon de flûte. Naïades. D'ap. Boucher. 2 pièces. A plusieurs crayons.

556 — Vénus couchée. Galathée sur un dauphin. D'ap. Boucher. 2 pièces. A plusieurs crayons.

557 — Ninette. Jeune Bergère. 2 pièces, d'ap. Boucher.

558 — Sujets divers, Têtes, d'ap. Boucher. A plusieurs crayons. 6 pièces.

559 — Femme nue assise sur le bord d'un lit; elle tient des fleurs dans une draperie. Ép. avant la lettre, non terminée.

560 — La même avec la lettre, terminée.

561 — Croquis divers, d'ap. Boucher. 9 pièces.

562 — Croquis divers, d'ap. Boucher. 8 pièces.

563 — Sujets et Croquis divers, d'ap. Boucher. 10 pièces.

564 — Croquis et Sujets divers, d'ap. Boucher. 10 pièces.

565 — Sujets divers. 4 pièces, d'ap. Boucher.

566 — Études de Femmes, d'ap. Boucher. 5 pièces.

567 — Sujets d'Enfants, d'ap. Boucher. 3 pièces.

568 — Portrait de Mme de Pompadour. Buste fort comme nature.

569 — Autre portrait. Même dimension.

570 — Pastorales en couleur, d'ap. Boucher. 2 pièces.

571 **Demarteau.** Bergère appuyée sur un disque, dont le milieu est un cœur percé d'une flèche, d'ap. Boucher.

572 — Académies d'Hommes et de Femmes. Sujets divers. D'ap. Boucher.

573 — Nymphe endormie surprise par un Satyre. Jupiter et Io. D'après Caresme. Aux deux crayons. 2 pièces.

574 — Bacchanales, d'ap. Caresme. 2 pièces.

575 — Jeune Femme assise et travaillant à un métier à broder, d'ap. Carmontelle. A la sanguine.

576 — Femme assise, que l'on dit être le portrait de Mme Geoffrin, d'ap. Cochin.

577 — Têtes de Jeunes Filles, d'ap. Courtois. 2 pièces.

578 — Têtes de Jeunes Femmes, d'après Courtois. 4 pièces.

579 — La Poupée. Le Château de cartes. D'ap. Courtois: 2 pièces.

580 — Jupiter et Danaé, d'ap. Huet. Très-belle ép. avant la lettre. Aux deux crayons.

581 — La même avec la lettre.

582 — Les Quatre Heures du Jour, d'ap. Huet. 4 pièces. A plusieurs crayons.

583 — Jeune Bergère avec un mouton, d'ap. Huet. A plusieurs crayons.

584 — Le Jeune Berger. La Jeune Bergère. D'ap. Huet. 2 pièces. A plusieurs crayons.

585 — Jeune Fermière avec un chien, d'ap. Huet. A plusieurs crayons.

586 — Le Plaisir innocent. Le Mouton chéri. D'ap. Huet. 2 pièces. A plusieurs crayons.

587 — Le Plaisir des Amours et autres Sujets d'Enfants, d'ap. Huet. 3 pièces. A plusieurs crayons.

588 — Têtes de Jeunes Femmes, d'ap. Huet. 2 pièces.

589 — Tête de Jeunes Filles, d'ap. Boucher et Huet. 2 pièces.

590 — Sujets de chasse, d'ap. Huet. 5 pièces.

591 **Demarteau**. Têtes de Jeunes Filles, très-curieuses pour les coiffures, d'ap. Huet. 6 pièces.

592 — Jeune Femme jouant de la guitare. Autre lisant. D'ap. Huet. 2 pièces. A plusieurs crayons.

593 — Hercule et Omphale, d'ap. Huet. Très-belle ép. avant la lettre. Aux deux crayons.

594 — Pastorales, d'ap. Boucher et Huet. 2 pièces. A plusieurs crayons.

595 — Vénus à sa toilette. L'Amour offrant du raisin à Érigone. D'ap. Boucher et Huet. 2 pièces. A plusieurs crayons.

596 — Léda. Érigone. D'après Boucher et Lebarbier. 2 pièces. A plusieurs crayons.

597 — Bacchantes, d'ap. Lebarbier. 2 pièces en ovale. Aux deux crayons.

598 — Costumes de Femme, d'ap. Leprince. 3 pièces.

599 — La Dormeuse et autres, d'ap. Leprince. 3 pièces.

600 — Bacchanale, d'ap. Pierre.

601 — Têtes de jeunes femmes, d'ap. Watteau; aux 2 crayons. 2 pièces.

602 — Portrait de Rubens, d'ap. Watteau. Aux 2 crayons.

603 — Costumes d'ap. Watteau. 5 pièces.

604 — Buste de jeune femme endormie, la tête renversée sur un coussin, un chien la regarde. Aux 2 crayons, d'ap. Boucher.

605 — La même, à la sanguine, J. F. C. ex. 2 pièces.

606 **Demarteau et autres**. Vénus sur des nuages entourée d'Amours, dont un la couronne, etc. 3 pièces.

607 **Demarteau et Demeuse**. La Laitière, le Lait renversé, la Bouillie pour les chats. 3 pièces.

608 **Demarteau Bonnet**. Costumes de femmes, d'ap. Leprince, Fragonard. 5 pièces.

609 **Demarteau et autres**. Le Dénicheur de merles, la Poésie, la Peinture, la Bouquetière, le Paysan de Gandelu, etc. 9 pièces.

610 **Demarteau et autres**. Paysages, d'ap. Boucher et et Houel. 3 pièces.

611 **DemarteauBonnet**. Pièces diverses, d'ap. Boucher et Lagrenée. 7 pièces.

612 — Sujets divers. 7 pièces.

613 **Demarteau et Jubier**. Le Loup berger, le Repos champêtre, la Marchande de légumes. Paysages. 13 pièces.

614 **Denon**. Têtes de fantaisie. 12 pièces.

615 **Descamps** (J. B). Le Négociant, par J. Ph. Lebas. Très-belle ép.

616 — La pupille, par Lebas. Très-belle ép.

617 **Descourtis**. Portrait de femme, d'ap. Torelli, avant la lettre, en couleur.

618 — Portrait d'une jeune femme, d'ap. Torelli, avant la lettre, en couleur.

619 **Desfossés**. La reine annonçant à Mme de Belle-garde des juges et la liberté de son mari, par J. Duclos, avant toutes lettres.

620 **Deshayes**. La Fidélité surveillante, par Hémery. Très-belle ép. avant la lettre.

621 — La même pièce avec la lettre.

622 — La même pièce, par Floding. Très-belle ép.

623 — La Résistance, par Nicollet, avant la dédicace et l'adresse.

624 — Vénus blessée par Diomède, l'Enlèvement d'Hélène. 2 pièces gravées par P. Aveline.

625 — Erigone vaincue, par Levesque. Très-belle ép.

626 **Desrais**. La Femme trompée, la Femme vengée, par Mixelle. 2 pièces en bistre.

627 — Le Mari galant, le Mari complaisant, par Mixelle. 2 pièces en couleur.

628 — Promenade du boulevart Italien, ou petit Coblentz, par Voysard, ép. coloriée.

629 — Le Serment à la mode, par Berthet. Très-belle ép.

630 — Cahier d'arabesques. 4 pièces.

30 - **631 Detroy**. Fuyez, Iris, fuyez : ce séjour est à craindre, par C. N. Cochin. Superbe ép. avant les vers. Rare.

14 632 — La même avec les vers. Très-belle ép.

5 - 633 — Le Prix de la Beauté, par J. Daullé.

120 - 634 — Le Jeu de Pied-de-Bœuf, par C. N. Cochin. Superbe ép. avant les vers. Rare.

35 - 635 — La même, avec les vers. Très-belle ép.

38 636 — L'Amant sans gêne, par C. N. Cochin. Très-belle ép.

1 — 637 — Vénus se venge de Psyché, par J. Avril. Très-belle ép.

38 - 638 — Toilette pour le bal, Retour du bal. 2 charmantes pièces gravées par Beauvarlet, ép. superbes d'une condition parfaite.

8 - 639 — Diane changeant Actéon en Cerf, par Levasseur. Superbe ép. avant la dédicace.

4 . fo 640 — La même, avec la dédicace. Très-belle ép.

8 641 — L'Enlèvement de Proserpine, par Levasseur. Superbe ép. avant la dédicace.

3 . fo 642 — La même, avec la dédicace. Très-belle ép.

2 - 643 — La Naissance de Vénus, par Et. Fessard. Très-belle ép.

5 - 644 — Triomphe de Galathée, par Levasseur. Superbe ép. avant la dédicace.

2 — 645 — La même avec la dédicace.

12 . fo 645 — Jupiter en pluie d'or, par J. Daullé. Très-belle ép. avant la lettre.

4 . fo 647 — La même, avec la lettre. Belle ép.

648 — Jupiter et Calisto, par E. Fessard. Très-belle ép.

8 — 649 — Jupiter et Léda, par E. Fessard. Très-belle ép.

650 — Bethsabée au bain, par L. Cars. Belle ép.

5 - 651 — Salmacis et Hermaphrodite, par J. Daullé. Très-belle ép.

1 . fo 652 — Susanne et les deux Vieillards, par L. Cars. Très-belle ép.

6 — 653 **Detroy**. Pan et Syrinx, par B. L. Henriquez. Superbe ép. avant la lettre.

1.50 654 — La même avec la lettre. Très-belle ép.

3 — 655 **Dietricy**. Repos de la Vierge, par J. G. Wille. Très-belle ép.

10 — 656 — Agar présentée à Abraham, par J. G. Wille. Superbe ép. avant toutes lettres.

3 — 557 — La même avec la lettre. Très-belle ép.

8 — 658 **Divers**. La Nymphe sortant du bain, d'ap. Bounieu. Tarquin et Lucrèce, etc. 4 pièces en couleur.

15 — 659 **Barbier** et autres. 4 pièces en couleur.

12.50 660 — La Femme vengée, d'ap. Desrais. La Savonneuse, d'ap. Chevau. 2 pièces en couleur.

20 — 661 — La Pudeur alarmée; jeune Femme surprise par son amant; elle tient de la main droite un bouquet, et, de la gauche, la queue de son chat. 2 pièces en couleur.

5 — 662 — L'Amour bravé, chez Mixelle. L'été, d'ap. Lawrince. Le Silence de Vénus, d'ap. Huet. 3 pièces en couleur.

7.50 663 — La Réflexion. La Fileuse, etc. 6 pièces à la sanguine.

2 — 664 **Dow** (Gérard). La Liseuse, par Tardieu le jeune. Très-belle ép. avant la lettre. Rare.

140 — 665 **Drouais**. Mme Dubarri, par Beauvarlet. Superbe ép. avant la lettre.

5 — 666 — Les Enfants du roi de Sardaigne, par C. Mélini. Très-belle ép.

36 — 667 — Le Comte d'Artois enfant, et Madame sur une chèvre. Superbe ép. avant toutes lettres, par Beauvarlet.

10.50 668 — Les Enfants de M. de Bethune, par Beauvarlet. Très-belle ép.

10 669 **Dugoure**. Le Lever de la Mariée, par Ph. Trière. Très-belle ép.

4   670 **Duruisseau**. Têtes de jeunes Filles, d'ap. C. Vanloo.
         Aux 2 crayons. 2 pièces.

17 -   671 **Dutailly**. On doit à sa patrie le sacrifice de ses plus
         chères affections. Il est glorieux de mourir pour sa
         Patrie, par Coqueret. 2 pièces avant la lettre, en
         couleur.

17   672 — L'Imitation de l'antique. L'admiration de l'An-
         tique, par Mme Lingé et Prot. 2 pièces, en couleur.

7   673 **Eisen** père (François). La Sultane reconnaissante,
         par Macret.

         674 — La Malice enfantine. Déguisements enfantins.
         2 pièces gravées par N. Dupuis. Très-belle ép.

30 -   675 — Amusement de la Jeunesse, par Salvator Carmona.
         Très-belle ép. avant toutes lettres.

         676 — La même pièce avec la lettre. Très-belle ép.

14 -   677 — Le beau Commissaire, par Halbon. Très-belle ép.

         678 — Les Dragons de Vénus, par Halbou. Très-belle ép.

4 -   679 — L'Optique, par Henriquez. Très-belle ép.

18 -   680 — La Marchande de plaisirs. La Marchande de chan-
         sons. 2 pièces gravées par P. L. Cor. Très-belles ép.

         681 — Les petits Bouffons, par Cathelin. Très-belle ép.

20 -   682 — L'Ingratitude, par Halbou. L'Appas trompeur, par
         J. C. Schwab. 2 pièces. Très-belles ép.

         683 — Le Plaisir malin, par L. Halbou. Très-belle ép.

         684 — L'Amour en ribote, par Halbou. Très-belle ép.
         avant la lettre.

         685 — La même, avec la lettre. Belle ép.

37   686 **Eisen** (Charles). Les Parties du jour, suite de 4 pièces.
         Très-belles ép. gravées par Delongueil.

120 -   687 — Les Saisons, suite de 4 pièces, superbes ép. avant
         toutes lettres, gravées par Delongueil. Rare.

38   688 — L même suite, avec la lettre. Très-belles ép.

135 -   689 — Les Amusements champêtres. Le Bal champêtre.
         Les Plaisirs champêtres. Le Concert champêtre ; suite

de 4 pièces. Superbes ép. avant toutes lettres gravées
par Delongueil. Rare.

51 - 690 **Eisen.** La même suite, avec la lettre. Très-belles ép.

49 - 690 (*bis*). La Jolie Fermière. La Belle Nourrice, par Delongueil. avant toutes lettres. La belle Nourrice, avec la
lettre. 3 pièces. Très-belles ép.

120 - 691 — Les Contes de Lafontaine, pour l'édition dite des
Fermiers généraux. 93 pièces par Délongueil Le-
mire, etc. Très-belles ép. avec marges de la dimension du cuivre.

17 692 — Pastorales diverses. Le Soleil est dans sa hauteur.
O le bon temps que la moisson. Ma Bonne Maman
tenez, etc. 6 pièces par Lebeau, de Ghendt et autres.

15 - 693 — La Vertu sous la garde de la Fidélité, par le Beau.
Très-belle ép.

694 ·- Les Désirs satisfaits, par Patas. Très-belle ép.

32 - 695 — Promettre' est un, et Tenir c'est un autre, par
L. le Grand. Superbe ép. avant la lettre, les noms
d'artistes à la pointe.

41 - 696 — La Gageure des trois commères, par Tardieu. ép
avant toutes lettres. Très-belle ép.

28 697 — La même pièce avec la lettre. Très-belle ép.

26 - 698 — Le Gascon, par Tardieu. Très-belle ép.

16 - 699 — Le Cas de conscience,' par Tardieu. Très-belle ép.

16 - 700 — La Nuit, par Patas. Très-belle ép. avant la lettre.

41 - 701 — La Nuit. Le Jour. 2 pièces gravées par Patas. Très-
belles ép.

15 - 702 — Les Premiers Aveux, par Dorgez. ép. coloriée.

30 - 703 — Le Bouquet. L'Accord de mariage. 2 pièces par
R. Gaillard. Très-belles ép.

5.50 704 — Le Petit Donneur d'avis, gravé par Tardieu. Le
Pasteur heureux. Gaillard *Direxit*. 2 pièces.

19 - 705 — L'Amour européen. L'Amour asiatique. Basan
excudit. 2 pièces.

706 **Eisen.** La Comète. Le Tric trac. 2 pièces, par Ph. Lebas. Très-belles ép.

707 — Le Lever des enfants. Le Berger du village. 2 pièces. Basan *excudit.*

708 — Henri IV et Gabrielle, par de Mouchy. Belle ép.

709 **Elluin,** *sculp.* Un Tendre Engagement va plus loin qu'on ne pense, d'après Charlier. Achève ton ouvrage. N'oublie pas la dernière, d'ap. Dugoure. 2 pièces. Très-belles ép.

710 **E. L. S.** L'Amour châtié par sa mère. Superbe ép. avant la lettre gravée par ***

711 — La même ép. avec la lettre.

712 **Falch** (J). Guillot Gorju. Belle ép.

713 **Fessard.** La Cage symbolique, avant la dédicace.

714 **Fouché** (Nicolas). L'Amour piqué par une Abeille, par L. Desplaces. Très-belle ép. avant la draperie.

715 — Vénus et Deux Amours, par Desplaces. Très-belle ép.

716 — Venus. Léda. 2 Jolies pièces en pendant, gravées par L. Desplaces. Très-belles ép.

717 — Figures de Femmes. 4 pièces en pendant par Desplaces. Très-belles ép.

718 **Fournier.** L'Heure désirée, par Chaponnier. Très-belle ép. avant la lettre.

719 **Fragonard** (peint et gravé par) L'Armoire ; pièce capitale du maître. Très-belle ép.

720 **Fragonard** (D'après). L'Armoire ; gravé à l'aqua-tinte, teinte en bistre.

721 — Charmante petite pièce gravée à l'aqua-tinte, par S. Non. Au bas, 2 vers latins.... *Spirot adhuc Amor.*

722 — La Culbute ; à l'aqua-tinte, par Charpentier. Très-belle ép.

723 — La Coquette fixée, par Dambrun. Très-belle ép. avant la lettre.

724 — L'Étude de la Musique, par Legrand ; en couleur.

725 **Fragonard.** Serment d'amour. Fontaine d'amour, par Audebert. 2 pièces en couleur.

726 — Le Contrat, par Blot. Très-belle ép. avant la dédicace.

727 — Les jeunes Sœurs, par J. Vidal. Très-belle ép.

728 — Ma Chemise brûle, par Legrand. Très-belle ép. avant la lettre.

729 — Les deux Baisers. 2 jolies pièces gravées par Marchand.

730 — Le Chiffre d'amour, par Delaunay. Très-belle ép., toutes marges.

731 — Le Verre d'aau, par N. Ponce. ép. avant la lettre.

732 — La même pièce avec la lettre. Très-belle ép.

733 — Le Verrou, par Blot. Très-belle ép.

734 — La Fuite à dessein, par Macret. Très-belle ép. avant la lettre.

735 — La même pièce avec la lettre et avant la dédicace. Très-belle ép.

736 — La même pièce. Très-belle ép., toutes lettres.

737 — Le Baiser dangereux, par Flipart. Très-belle ép.

738 — L'Inspiration favorable, par Halbou.

739 — Le Pot au lait, par N. Ponce. Très-belle ép.

740 — L'heureuse Fécondité. L'Éducation fait tout. 2 pièces, par Delaunay, avant la dédicace.

741 — Les Beignets. Le petit Prédicateur. 2 pièces, par Delaunay.

742 — Les Pétards. Les Jets d'eau, par Auvray. 2 pièces, avant les vers.

743 — Les mêmes pièces, avec les vers.

744 — S'il m'était aussi fidèle, par Dennel. Très-belle ép. avant la lettre.

745 — La Gimblette, par Bertony. Très-belle ép.

746 — La Fontaine de l'amour. Le Songe d'amour. 2 charmantes pièces gravées par Regnault. Superbes ép. avec la lettre grise.

747 **Fragonard**. Les Hasards heureux de l'escarpolette. Superbe et rare ép. avec la faute et avant la dédicace, gravée par Delaunay.

748 — La bonne Mère, par Delaunay. Très-belle ép.

749 — Le Baiser à la dérobée, par Regnault. Très-belle ép. avant la lettre.

750 — La même pièce avec la lettre. Belle ép.

751 — La Chemise enlevée, par Guersant. Très-belle ép.

752 — L'Amour en sentinelle, par Miger. Très-belle ép.

753 **Freudeberg** (S). Le Gage de la fidélité, par Voyez le Jeune et Mercier. Très-belle ép.

754 — Lison dormait, par Trière. Belle ép.

755 — L'Instant favorable, par Voyez le Jeune.

756 — Le petit Jour, par Delaunay. Très-belle ép.

757 — La petite Famille suisse, par Dunher et Eichler. Belle ép.

758 — Le Bouquet de la Fermière, par S. Feigl. Très-belle ép.

758 (*bis*) — Le Présent du Fermier, par Lebeau. Très-belle ép.

759 — La Complaisance maternelle, par Delaunay. Très-belle ép. avant la lettre.

760 — La même pièce, avec la lettre.

761 — La Félicité villageoise, par Delignon. La Gaieté conjugale, par Delaunay. 2 pièces. Très-belles ép.

762 — Le Soldat en semestre, par Ingouf jeune. Très belle ép.

763 — L'heureuse Union, par Bosse. Belle ép.

764 — Le Bain, par A. Romanet. Superbe ép. avant la lettre.

765 — Le Lever, par Romanet. — Le Bain, par Romanet. — La Toilette, par Voyez l'aîné. — L'Occupation, par Lingée. — La Visite inattendue, par Voyez l'aîné. — La Promenade du matin, par Lingée. — Le Boudoir,

par P. Maleuvre. — Les Confidences, par Lingée. — La Promenade du soir, par Ingouf jeune. — La Soirée d'hiver, par Ingouf jeune. — L'Événement au bal. par Duclos et Ingouf. — Le Coucher, par Duclos et Bosse.

Cette série composée de 12 planches, superbes ép. avant les numéros, toutes marges, fait partie du Costume physique et moral au xviiie siècle, par J. M. Moreau le jeune, dont elle est le précédent. Les nos 1, 4, 6, 7 et 9 sont avec la tablette blanche.

766 **Galoche**. Zéphyr et Flore, par Fse Deschamps, femme Beauvarlet. Très-belle ép.

767 **Garneray**. La Jarretière, par Michault et Legrand.

768 **Gérard** (F). Le duc d'Anjou déclaré roi d'Espagne en 1700, par Alfred Johannot. Très-belle ép. lettre grise.

769 **Gérard** (Mlle). L'Heure du rendez-vous, par H. Gérard. Très-belle ép.

770 — Faites silence, par Gérard. Très-belle ép.

771 — Le Triomphe de Minette, par Vidal. Superbe ép. avant la dédicace.

772 — L'Élève intéressante, par Vidal. Très-belle ép.

773 — Les Regrets mérités, par Delaunay. Belle ép.

774 **Gillot**. La Collation préparée dans un jardin, par Cochin. Très-belle ép.

775 — La Passion des richesses. La Passion de l'amour. La Passion du jeu. Suite de 4 pièces. Très-belles ép.

776 — La Naissance. L'Éducation. Le Mariage. Les Obsèques. Suite de 4 pièces. Très-belles ép.

777 — Scènes de sabbat. 2 pièces.

778 — Fêtes de Faune, Bacchus, Pan, Diane. 4 pièces. Belles ép.

779 — Les Ages. Suite de 4 pièces. Belles ép.

780 — Arlequins, Scaramouche, Mezetin, par Joullain. 6 pièces.

23. 781 **Gillot**. Nouveaux dessins d'Habillements à l'usage des ballets, opéras et comédies, par Joullain. 78 pièces.

25. 782 — Thétis, Flore, Diane, Arabesques, par Cochin fils. 3 pièces.

14. 783 — Bacchanale, Costumes divers. 13 pièces.

25. 784 — Fleurons pour les Fables de Delamotte. 101 pièces.

4. 785 — Le Concert. Huquier *excud*.

10. 786 **Gonzalès**. Les Prémices de l'amour-propre, par Macret. Très-belle ép. avant la lettre.

16. 787 **Goyran**. Vues et Perspectives nouvelles tirées sur les plus beaux lieux de Paris et des environs. 7 pièces.

4.50 788 **Greuze** (Jean Baptiste). Son Portrait dessiné par lui-même, et gravé par J.-J. Flipart, son ami. Très-belle ép.

20. 789 — La Philosophie endormie, que l'on dit être le portrait de Mme Greuze. Charmante pièce gravée à l'eau-forte par Fragonard, et terminée au burin par Aliamet. Très-belle ép.

10. 790 — Tête de jeune fille, avant toutes lettres.

8.50 791 — Le doux Regard de Colin. Le doux Regard de Colette. 2 pièces gravées par Dennel. Très-belles ép.

2. 792 — L'Amour, dédié au beau sexe, par Henriquez. Belle ép.

7. 793 — Le tendre Désir, par C..... Très-belle ép.

8.50 794 — Jeune fille les mains jointes, dirigée à droite. Buste dans un ovale équarri. Très-belle ép. avant toutes lettres.

12. 795 — Jeune fille pleurant son oiseau mort, par Flipart. Très-belle ép. avec les signatures de Greuze et de Flipart, au verso.

3.50 796 — Jeune fille cachant son œil avec sa main, par Ingouf. Belle ép.

3. 797 — La Voluptueuse, par Gaillard. Superbe ép. avant toutes lettres. Rare.

798 **Greuze** (Jean-Baptiste). La même pièce. Très-belle ép. avec la lettre.

799 — Bacchante, par Bourgeois de la Richardière, an IX.

800 — Diane, par Gaillard. ép. avant la lettre, non terminée.

801 — Diane. Calisto. 2 pièces, gravées par Gaillard. Très-belles ép.

802 — Offrande à l'Amour, par Macret. Superbe ép. avant la lettre et les armes.

803 — La Petite Liseuse, par Marie-L.-T. Boizot. Très-belle ép.

804 — La Petite Fille au chien, par Porporati. Très-belle ép. avec l'adresse : rue Thibautodé.

805 — La Tricoteuse dormant, par Claude-Donat Jardinier. Très-belle ép.

806 — La Laitière, par Levasseur. Très-belle ép.

807 — La Cruche cassée, par Massard. Superbe ép. avec l'adresse de la rue Thibautodé. Les signatures de Greuze et Massard au verso.

808 — Les OEufs cassés, par Moitte. Très-belle ép.

809 — Thaïs ou la Belle Pénitente, par Levasseur. Très-belle ép.

810 — Le Ramoneur, par Voyez. Très-belle ép.

811 — L'Écolier distrait, par Beljambe. Très-belle ép.

812 — L'Éducation d'un Jeune Savoyard, par Aliamet. Belle ép.

813 — La Vertu chancelante, par J. Massard. Très-belle ép. avec les signatures de Greuze et Massard au verso.

814 — Le Geste napolitain, par Moitte. Très-belle ép.

815 — Le Donneur de sérénade, par Moitte. Superbe ép. avant la lettre.

816 — La même pièce avec la lettre. Très-belle ép.

817 — Jeune Paysanne debout, les yeux baissés, par Mme Deschamps-Beauvarlet. Très-belle ép.

818 **Greuze** (Jean-Baptiste). La Marchande de poissons, par F^se Deschamps, f^e Beauvarlet. Très-belle ép.

819 — La Marchande de marrons, par Beauvarlet. Très-belle ép.

820 — La Marchande de pommes cuites. Très-belle ép. A Paris, chez Beauvarlet.

821 — La Bonne Éducation. La Paix du ménage. 2 charmantes pièces, gravées à l'eau-forte par J.-M. Moreau, et terminées au burin par Ingouf. Très-belles ép.

822 — Le Père aveugle, par L. Cars. Très-belle ép.

823 — L'Écureuse, par Beauvarlet. Très-belle ép.

824 — Ne l'éveille pas, gravé à l'eau-forte par L. Cars, et terminé au burin par Claude-Donat Jardinier.

825 — La Maman. Beauvarlet excud. Très-belle ép.

826 — La Fille confuse, gravé à l'eau-forte par Ingouf aîné, et terminé au burin par son frère. Très-belle ép. avant la dédicace.

827 — La Servante congédiée, par Voyez. Belle ép.

828 — La Lecture de la Bible, par Pitre Martenasie. Belle ép.

829 — La Mère sévère, par Devisse. Belle ép.

830 — Les Soins maternels. Superbe ép. avant la lettre. A Paris, chez Beauvarlet.

831 — La même pièce avec la lettre. Très-belle ép.

832 — Les Sevreuses, par Tilliard et Ingouf. Très-belle ép.

833 — La Savonneuse, par Danzel. Très-belle ép.

834 — La Fille grondée, par Letellier. Très-belle ép.

835 — La Privation sensible, par Simonet. Superbe ép. avant la dédicace.

836 — La même pièce avec la dédicace.

837 — La Mère en courroux. Le Repentir. 2 pièces, gravées par Moitte. Très-belles ép.

838 — La Belle-Mère, par Levasseur. Très-belle ép.

839 — L'Enfant gâté, par Maleuvre. Superbe ép. avant la lettre.

840 **Greuze** (Jean-Baptiste). La même pièce avec la lettre. Très-belle ép.

841 — Les Écosseuses de pois, par Lebas. Très-belle ép.

842 — La Dame bienfaisante, par Massard. Très-belle ép. avec les signatures de Greuze et de Massard au verso.

843 — Le Gâteau des Rois, par Flipart. Très-belle ép. avec les signatures de Greuze et de Flipart au verso.

844 — La Mère bien-aimée, par Massard. Superbe ép. avant la lettre.

845 — La même avec la lettre. Les signatures de Greuze et de Massard au verso.

846 — Le Paralytique servi par ses Enfants, par J. Flipart. Très-belle ép. avec les signatures de Greuze et de Flipart au verso.

847 — L'Accordée de Village, par J. Flipart. Très-belle ép. avec les signatures de Greuze et de Flipart au verso.

848 — La Malédiction paternelle, par Gaillard. Superbe ép. avant toutes lettres. Les signatures de Greuze et de Massard au verso.

849 — Têtes de différents caractères, dédiées à M. J.-G. Wille, gravées par Ingouf. 6 pièces et le titre.

850 — La Vieille Gouvernante, *fac simile* d'un dessin, gravé par Verendret.

851 **Hallé**. La Nymphe Io changée en vache, par Miger. Superbe ép. avant toutes lettres.

852 — La même avec la lettre. Très-belle ép.

853 — Jupiter et Calisto, par Henriquez. Très-belle ép. avant la lettre.

854 **Hambert**. L'Aimable Famille, par Tennob. En couleur.

855 **Heillman**. Le bon Exemple. Mademoiselle sa sœur. 2 charmantes pièces avant la lettre, gravées par Chevillet. Parfaite condition.

856 — Les mêmes pièces avec la lettre.

857 **Henriquez**, sculp. Le Jugement de Pâris. Superbe ép. avant la lettre.

40   858 **Hilair** (J.-B.). L'Esclave heureux, par J. Mathieu.
Très belle ép. avant la lettre et avant le changement.
Très-rare.

6 -   859 — La même avec la lettre et avec le changement.

8 —   860 **Hogarth**, del. et sculpt. Troupe de Comédiens am-
bulants. Très-belle ép.

20 -   861 **Hoin**. Le Prélude amoureux, par Demonchy. Très-
belle ép.

19 -   862 — L'Écueil de la sagesse, par Demonchy. Très-belle
ép.

8 -   863 **Huet**. L'Oiseau privé. Le Chien savant. Par Bonnet.
2 pièces. En couleur.

14   864 — Offrande présenté par l'Amour à la Fidélité.
L'Amour offrant des présents à Ariane. Par Bonnet.
2 pièces. En couleur.

8 -   865 — L'Accord maternel. Les Soins maternels. Par
Bonnet. 2 pièces. En couleur.

7.10   866 — L'Amour prie Vénus. Vénus enflammée par
l'Amour. Par Bonnet. 2 pièces. En couleur.

18 -   867 — Diane au bain. Vénus sur un Dauphin. Par Bonnet.
2 pièces. En couleur.

13 .   868 — L'Amour enchaîné par les Grâces. Le Triomphe
d'Ariane. Par Bonnet. 2 pièces. En couleur.

4.10   869 — La Raccommodeuse de dentelle, par Bonnet. En
couleur.

18 -   870 — L'Heureux Chat, par Bonnet. En couleur.

35 -   871 — Le Dîner. Le Souper. Par Bonnet. 2 pièces avant
toutes lettres. En couleur.

46   872 — Le Déjeûner. Le Dîner. Le Goûter. Le Souper. Par
Bonnet. 4 pièces. En couleur.

23   873 — Les Compliments du Jour de l'an. Les Présents du
Jour de l'an. Par Bonnet. 2 pièces.

18.10   874 — Le Point d'honneur. Le Petit Sabot. Le Petit Château de cartes. Le Drapeau national. Le Petit Cavalier.

La Bastille détruite. Par Bonnet. 6 pièces. Sujets d'Enfants. En couleur.

875 **Huet**. Têtes de Femme en ovale, par Bonnet. 3 pièces. En couleur.

876 — Le Triomphe de Galathée, par Bonnet. En couleur.

877 — Leucothoe charmée de la beauté d'Apollon. Thétis écoute Protée. Par Bonnet. 2 pièces. En couleur.

878 — L'Amour fait l'offrande de son cœur à Vénus. Le Concert des trois Grâces. Par Bonnet. 2 pièces. En couleur.

879 — La Conversation des Fermières, par Briceau. En couleur.

880 — L'Espoir heureux, par Bonnet. Le Messager discret, par Briceau. 2 pièces. En couleur.

881 — Le Plaisir innocent, par Briceau. Le Chien et la Perdrix, par Bonnet. 2 pièces. En couleur.

882 — Offrande à l'Amitié. Offrande à l'Espérance. Par Jubier. Offrande à l'Hymen, par Bonnet. 3 pièces. En couleur.

883 — Le Maître de dessin. Le Maître de musique. Par Bonnet et Legrand. 2 pièces. En couleur.

884 — Ce qui est bon à prendre est bon à garder, par Chaponnier. Très-belle ép. avant la lettre.

885 — La même pièce avec la lettre. Tirée en bistre.

886 — Serment d'amour et de fidélité. Les Fruits de l'amour et de la fidélité. Par Demarteau. 2 pièces. En couleur.

887 — Pastorales en travers. Suite de 4 pièces, par Demarteau. En couleur.

888 — Ruines d'un Palais de Néron, près de Rome, et pendant. 2 pièces, par Demarteau. En couleur.

889 — Amour et Baigneuses. Bergères nues près d'une fontaine. 2 pièces en ovale, par Demarteau. En couleur.

20 890 **Huet**. Jeune Bergère couronnant l'Amour. L'Amour s'envolant, emportant trois couronnes. Bergère embrassée par l'Amour. 3 pièces, par Demarteau. En couleur.

13.50 891 — Jeune Femme causant. Autre faisant boire son Chat. 2 charmants costumes, par Demarteau. En couleur.

46. 892 — Les Saisons, en travers. Suite de 4 pièces, par Demarteau. En couleur.

142 - 893 — Grandes Pastorales, en travers. Suite de 4 pièces, par Demarteau. En couleur.

7..50 894 — La Recherche des appas, par Dnarwell. En couleur.

12.50 895 — Diane et Endymion. Pygmalion amoureux de sa statue, par Jubier. 2 pièces. En couleur.

9.50 896 — Le Goûter champêtre, par Jubier. Très-belle ép. avant toutes lettres. En couleur.

8 - 897 — La même avec la lettre.

12 - 898 — Le Départ de campagne, par Jubier. En couleur.

7 899 — La Bergère récompensée, par Jubier. Très-belle ép. avant toutes lettres. En couleur.

7.50 900 — La même, avec la lettre.

30 - 901 — Les Adieux du Fermier. Le Marchand de Poisson. Le Départ d'une Foire. Le Cerisier. 4 pièces, par Jubier. En couleur.

21 - 902 — La Déclaration. L'Amour pressant. Par Legrand. 2 pièces. En couleur.

9 - 903 — Les belles Vendangeuses. Le Repas des Vendangeuses. Par L'Éveillé. 2 pièces. En couleur.

12 - 904 — Diane et Endymion. Diane et Calisto. Par L'Éveillé. 2 pièces. En couleur.

20 905 — Jeune Fermier aidant sa Jeune Femme à descendre de cheval. Ép. avant toutes lettres. En couleur.

16 906 — Procris tuée d'un coup de flèche, par Céphale, et autres. 3 pièces. En couleur.

3.50 907 **Huquier**. 5 pièces pour les Fables de Lafontaine.

6   908 **Imbert**. La Curieuse, par Letellier.

20   909 **Janinet**. L'agréable Négligé. L'aimable Paysanne. D'ap. Baudouin et Saint-Quentin. 2 pièces. En couleur.

42   910 — Le Char de Galathée, d'ap. Bouchardon. Très-belle ép. avant toutes lettres. En couleur.

9 -   911 — La même pièce avec la lettre.

30 -   912 — La Toilette de Vénus, d'ap. Boucher. En couleur. Très-belle ép.

40   913 — L'Amour rendant hommage à sa mère, d'après Boucher. En couleur. Superbe ép. avant toutes lettres.

11 -   914 — La même avec la lettre.

12f -   915 — Tu blesses et souvent ne guéris pas. Amour, tu fais des Jaloux. D'ap. Boucher. 2 pièces avant toutes lettres. En couleur.

37   916 — Les mêmes avec la lettre.

11 -   917 — Le Berger couronné, d'ap. Caresme. En couleur.

46   918 — Bacchante endormie, d'ap. Caresme. En couleur. Superbe ép. avant toutes lettres.

18 -   919 — Vénus sur un lit de repos, d'ap. Charlier. En couleur.

91 -   920 — L'Amour désarmé par Vénus, d'ap. Charlier. En couleur. Superbe ép. avant toutes lettres.

14   921 — La même avec la lettre.

22 -   922 — L'Amour. La Folie. D'ap. Fragonard. En couleur.

62   923 — Nina, d'après Hoin. Charmante pièce en couleur. Très-belle ép. Rare.

39 -   924 — L'aimable Paysanne, d'ap. Saint-Quentin. Charmante pièce, en couleur, avant la lettre.

11   925 — Le Sommeil de Diane. Vénus à la Colombe. D'ap. Lebarbier. 2 pièces. En couleur.

11   926 — Hébé, d'après Lebarbier. Très-belle ép. avant toutes lettres. En couleur.

3.50   927 — La même pièce avec la lettre.

ƒ0   928 **Janinet.** Compagne de Pomone, d'ap. Leclerc. Avant la lettre. En couleur.

ƒ3.   929 — La Réunion des Plaisirs, d'ap. Leclerc. Avant la lettre. En couleur.

39.   930 — Compagne de Pomone. La Réunion des Plaisirs. D'ap. Leclerc. 2 pièces. En couleur.

31   931 — Le Rendez-Vous comique. Les Comédiens comiques. D'ap. Watteau. 2 charmantes petites pièces. En couleur.

35-   932 — Mademoiselle du T..., d'ap. Lemoine. Joli portrait. En couleur.

80   933 — Le Retour à la Vertu, d'ap. Lawrince. En couleur.

44   934 — Le Petit Conseil, d'ap. Lawrince. Charmante petite pièce. En couleur.

96   935 — L'Ouvrière en Dentelle. Le Déjeûner en tête-à-tête. 2 très-jolies pièces. En couleur.

ƒ0   936 — Ah! laisse-moi donc voir, d'ap. Lawrince. Charmante pièce. En couleur.

100-   937 — L'Élève discret. Pauvre Minet, que ne suis-je à ta place. D'ap. Lawrince. 2 pièces. En couleur.

161.   938 — L'Indiscrétion, d'ap. Lawrince. Magnifique ép. avant toutes lettres.

81   939 — La même avec la lettre. Très-belle ép. Parfaite condition.

65-   940 — L'Aveu difficile, d'ap. Lawrince. Très-belle ép. Parfaite condition.

97   941 — La Comparaison, d'ap. Lawrince. Superbe ép. avant toutes lettres. En couleur.

70   942 — La même avec la lettre. Très-belle ép. d'une grande fraîcheur.

32-   943 — Ah! le joli petit chien, d'ap. Lawrince. En couleur.

8.ƒ0   944 **Janinet et J.-C.-F.** Jeunes Bergères dansant, etc. 4 pièces. A la sanguine.

945 **Janinet** (manière de). Si tu voulais... Eh vite, l'on nous voit. 2 pièces. En couleur.

946 — Scènes galantes. 2 pièces. En couleur.

947 — Jeune Femme assise près d'une cheminée et lisant. En couleur.

948 **Jazet**. La Promenade du Jardin turc, d'ap. J.-J. de B. En couleur.

949 **J.-C.** Vénus couchée, d'ap. Boucher. Au crayon noir, sur papier bleu.

950 **Jeaurat**. La Place des Halles. La Place Maubert. 2 pièces, gravées par Aliamet. Très-belles ép.

951 — Naissance de Vénus, par M. Aubert. Très-belle ép.

952 — La Couturière, par Baléchou. Très-belle ép.

953 — Le Goûter, par J. Baléchou. Très-belle ép.

954 — La Servante congédiée, par Baléchou. Très-belle ép. avant toutes lettres.

955 — La même avec la lettre.

956 — Le Remède, par Baléchou. Belle ép. avant la lettre et avant la chemise rallongée.

957 — La même avec la lettre et la chemise rallongée. Belle ép.

958 — Le Mari jaloux, par Baléchou. Très-belle ép.

959 — L'Opérateur Barri, par Baléchou. Très-belle ép.

960 — Les Quatre Heures du Jour, par Baléchou. Jolie petite suite.

961 — Les Savoyardes, par Beauvarlet. Très-belle ép.

962 — L'Éplucheuse de salade, par Beauvarlet. Très-belle ép. avant les armes.

963 — La même avec les armes. Belle ép.

964 — Le Repos de Diane, par Charpentier. Belle ép.

965 — La Muse Uranie, par J. Daullé. Très-belle ép.

966 — Déménagement d'un peintre, par Cl. Duflos. Très-belle ép.

967 — Enlèvement de Police, par Cl. Duflos. Très-belle ép.

968 **Jeaurat**. Le Berger constant, par Nic. Dufour. Belle ép.

969 — Diane au Báin, par Dupin. Très-belle ép.

970 — Acis et Galathée. Hercule et Omphale. 2 pièces, gravées par E. Fessard. Très-belles ép.

971 — La Petite Jalouse, par Gaillard. Très-belle ép.

972 — Vénus et Adonis, par Gaillard. Belle ép.

973 — Le Sultan galant, par L. Halbou. Très-belle ép.

974 — L'Enfance chimiste, par Marie-Madeleine Igonnet. Très-belle ép.

975 — L'Amour coquet. L'Amour Petit-Maître. 2 pièces, gravées par son frère.

976 — L'Accouchée, par Lépicié. Très-belle ép.

977 — La Relevée, par Lépicié. Très-belle ép.

978 — La Jeunesse et la Vieillesse. 2 pièces, gravées par Lépicié. Très-belles ép.

979 — Les Citrons de Javotte, par Levasseur. Très-belle ép.

980 — Le Carnaval des rues de Paris. Très-belle ép. avant toutes lettres.

981 — Le Carnaval des rues de Paris. Le Transport des Filles de joie à l'hôpital. 2 pièces, gravées par C. Levasseur. Très-belles ép.

982 — L'Exemple des Mères, par Lucas. Très-belle ép.

983 — Le Fiacre, par Pasquier. Très-belle ép.

984 — La Cœffeuse, par Sornique. Très-belle ép.

985 — Le Jeune Symphoniste, par D. Sornique. Très-belle ép.

986 — L'Amour du Vin. L'Amour de la Chasse. 2 pièces, gravées par L. Surugue. Très-belles ép.

987 — Le joli Dormir, par Mme Tournay-Tardieu. Très-belle ép.

988 **J. G**. L'agréable Illusion, par A. G. T. G.

989 **G. B**. Arabesques. Suite de 4 pièces, par H.

990 **Jordans** (Luc.). L'Enlèvement des Sabines, par Beauvarlet. Superbe ep. avant toutes lettres.

991 **Jordaus** (Luc.). La même avec la lettre. Très-belle ép.

11 — 992 — L'Enlèvement d'Europe, par Beauvarlet. Superbe ép. avant la lettre.

8 — 993 — La même avec la lettre. Très-belle ép.
994 — Acis et Galathée, par J. Beauvarlet. Très-belle ép.
995 — Jugement de Pâris, par Beauvarlet. Très-belle ép.

3.50 996 **Jouvenet**. La Vengeance de Latone, par J. Daullé.

30 — 997 **Jubier**. L'agréable Exemple, d'ap. Carème. A plusieurs tons.

5.50 998 **Kraus** (A.). La Chaufferette, par Levasseur. Le Goûter rustique, par Schwab et Halm. 2 pièces.
999 — La Gaieté sans embarras, par Levasseur. Très-belle ép.
1000 — Le Moment dangereux, par Voyez le jeune. Très-belle ép.

2 — 1001 **Lagrenée**. Terésias aveuglé des appas de Minerve, par Dennel. Très-belle épreuve

3 — 1002 — Tancrède secouru par Herminie, par Beauvarlet. Très-belle épreuve avant toutes lettres.

8 — 1003 — La même, avec la lettre.
1004 — La Peinture, par Dennel. Très-belle épreuve avant la lettre.

3 — 1005 — La même; avec la lettre.

8 1006 — Bacchus et Ariane, par Voyez l'aîné. Très-belle épreuve avant toutes lettres.
1007 — La même avec la lettre.

6 — 1008 **Lallie**. Le Messager fidèle, par Halbou. Très-belle épreuve.

14.50 1009 **La Live de Jully** (A. L. de). D'après Boucher. 8 pièces.

9 — 1010 **Lalande**. Lit à trois dossiers. Trophées et Vases. 4 pièces.

10.50 1011 **Lambert**. L'Age agréable, par Levasseur. Très-belle épreuve avant la dédicace.

*12 f° * 1012 **Lambert.** La même pièce, avec la dédicace. Le Larcin toléré. 2 pièces en pendant.

70 1013 **Lancret** (N.). Le Jeu de Colin-Maillard, par C. N. Cochin. Très-belle épreuve.

33 1014 — Repas italien, par Ph. Lebas. Très-belle épreuve.

37 1015 — M^llc Camargo, par L. Cars. Très-belle épreuve.

38 1016 — M^llc Dangeville la jeune, par Ph. Lebas. Épreuve du 1er état avec la tête plus forte.

26 1017 — La même pièce, la tête réduite à des proportions moindres. Le corsage garni d'une légère guirlande de lierre.

16 1018 — Mlle Sallé, par N. de Larmessin. Très-belle épreuve.

11 1019 — Grandval, par Ph. Lebas. Très-belle épreuve.

12 f° 1020 — La Coquette de village, par de Larmessin. Très-belle épreuve.

8 1021 — *Lise s'en va changer d'humeur et de visage. Quand vous voulez toucher quelque cœur amoureux, etc.* 2 petites pièces en hauteur gravées par M. Horthemels. Très-belles épreuves.

9 1022 — Le Philosophe marié, par Dupuis; très-belle épreuve.

17 f° 1023 — Le Berger indécis, par J. Tardieu; très-belle épreuve.

8 1024 — Les gentilles Baigneuses, par Moitte; très-belle épreuve.

6 f° 1025 — L'Amusement du petit-maître, par de F...; très-belle épreuve.

15 1026 — Conversation galante, par J. P. Lebas; très-belle épreuve.

15 1027 — Les Agréments de la campagne, par Joullain; très-belle épreuve.

13 f° 1028 — Récréation champêtre, par Joullain; très-belle épreuve.

1029 **Laneret**. *Veux-tu d'une inhumaine emporter la tendresse ?* par S. Sylvestre ; très-belle ép.

1030 — *Que le cœur d'un amant est sujet à changer!* par S. Sylvestre le moine ; très-belle ép.

1031 — *D'un baiser que Tircis caché dans ces beaux lieux,* par S. Sylvestre ; très-belle ép.

1032 — Le Jeu de cache-cache mitoulas, par de Larmessin ; très-belle ép.

1033 — *Trop indolent Tircis, laisse la symphonie,* par S. Sylvestre ; très-belle ép.

1034 — Les Amours du bocage, par de Larmessin ; très-belle ép.

1035 — Le Maître galant, par J. P. le Bas ; très-belle épreuve.

1036 — Partie de plaisirs, par P. E. Moitte ; très-belle épreuve.

1037 — Le Concert pastoral, par Joullain ; très-belle épreuve.

1038 — Le Jeu de pied-de-bœuf, par de Larmessin ; très-belle ép.

1039 — L'Occasion fortunée; jolie pièce gravée par Dupin ; très-belle ép.

1040 — La Joye du théâtre, par Crépy fils ; très-belle épreuve.

1041 — Les Charmes de la conservation, par Petit ; très-belle ép. avant la lettre.

1042 — *Par une tendre chansonnette. Dans cette aimable solitude;* la même, la planche coupée au-dessus des vers ; avant l'adresse de Basset. 3 pièces gravées par C. N. Cochin ; très-belles ép.

1043 — La belle Grecque, le Turc amoureux. 2 pièces gravées par G. F. Schmidt ; très-belles ép.

1044 — La Musique champêtre, par Fessard ; belle épreuve.

3 — 1045 **Laneret**. La Femme commode, l'Amant indiscret. 2 pièces gravées par Dupin.

14 . 1046 — Le Glorieux, par Dupuis; très-belle ép.

25 — 1047 — La belle Complaisante, par de F...; très-belle épreuve.

10 . 1048 — *Près de vous, belle Iris*, etc. *Quoi! n'avoir pour vous trois qu'une seule bouteille*, etc. 2 petites pastorales en hauteur, gravées par M. Horthemels; très-belles ép.

50 — 1049 — Pâté d'anguille, par de Larmessin; très-belle épreuve.

44 — 1050 — La Servante justifiée, par de Larmessin.

31 — 1051 — Les Rémois, par de Larmessin; très-belle ép.

35 — 1052 — Les deux Amis, par de Larmessin; très-belle épreuve.

18 — 1053 — A femme avare galant escroc, par de Larmessin; très-belle ép.

15 — 1054 — On ne s'avise jamais de tout, par de Larmessin; très-belle ép.

20 1055 — Le petit Chien, par de Larmessin; très-belle épreuve.

23 — 1056 — Nicaise, par de Larmessin; très-belle ép.

27 1057 — Le Faucon, par de Larmessin; très-belle ép.

27 . 1058 — Le Gascon puni, par de Larmessin; très-belle épreuve.

31 1059 — Les Oyes de frère Philippe, par de Larmessin; très-belle épreuve.

24 1060 — Le Théâtre italien, par G. F. Schmidt; très-belle épreuve.

16 . 1061 — Les Troqueurs, par de Larmessin; très-belle épreuve.

37 1062 — La Terre, par C. N. Cochin; superbe ép. avant toutes lettres.

62 1063 — Les quatre Éléments, en hauteur, gravés par

C. N. Cochin, N. Tardieu, L. des Place, B. Audran;
suite de 4 pièces; très-belles ép.

1064 **Lancret**. Les quatre Heures du jour, suite de 4 pièces,
en travers, gravées par de Larmessin; très-belles ép.

1065 — Les quatre Saisons, en travers, suite de quatre
pièces gravées par de Larmessin; très-belles épr.

1066 — Les quatre Saisons en travers, jolie petite suite
réduite.

1067 — Les quatre Ages de la vie, suite de 4 pièces,
gravées par de Larmessin; très-belles ép.

1068 — Les quatre Saisons, en hauteur, gravées par B.
Audran, G. Scotin, N. Tardieu, J. P. le Bas; suite
de 4 pièces, très-belles ép.

1069 — Le Moulin de Quiquengrogne, par Elisab. Cousinet; superbe ép. avant toutes lettres.

1070 — Frontispices pour le second et le troisième livre
de pièces de clavecin, gravés par C. N. Cochin et
Thomassin. 2 pièces.

1071 **Lancret** (Manière de). Le Bouquet. Galant offrant
des fleurs à sa belle; pièce sans noms d'artistes.

1072 **Laurin**. L'Anneau de Hans Carvel, par Aveline;
très-belle ép.

1073 — La Chose impossible, par D. Sornique; belle
épreuve.

1074 **Lawrince**. Le petit Lever. Le doux Entretien, par
Reynolds, à la manière noire. 2 pièces.

1075 — Les Apprêts du ballet, par Tresca; très-belle
ép avant la lettre.

1076 — La même, avec la lettre, en couleur.

1077 — L'heureux Moment, par Delaunay; très-belle
ép. avant la lettre.

1078 — Les Sabots, par Couché; superbe ép. avant la
lettre.

1079 — La même pièce, avec la lettre.

1080 **Lawrine**. Le Billet doux; Qu'en dit l'abbé. 2 pièces, très-belles ép. gravées par Delaunay ; marges vierges.

1081 — Le Retour trop précipité, par A. Pierron; très-belle ép.

1082 — Le Contre Temps, par Dequevauvillier; très-belle épreuve.

1083 — Le Midi : *Sont-ee les feux du jour qui causent son sommeil?* A Paris chez Chereau.

1084 La Sentinelle en défaut, l'Accident imprévu. 2 pièces en pendant, gravées par D'Arcis.

1085 — Les Soins mérités, par Delaunay; superbe ép. avant la lettre.

1086 — La même, avec la lettre.

1087 — L'Assemblée au salon, par Dequevauvillers épreuve d'eau-forte.

1088 — L'Assemblée au salon, l'Assemblée au concert. 2 pièces en pendant, gravées par Dequevauvillers; très-belles ép.

1089 — La Partie de musique, par Langlois; très-belle ép. avant la lettre.

1090 — La même pièce avec la lettre; très-belle épreuve.

1091 — Le Mercure de France, par Guttemberg; très-belle ép. avant la lettre.

1092 — La même pièce; avec la lettre; très-belle épreuve.

1093 — Le Concert agréable, par C. N. Varin; très-belle ép. avant la lettre.

1094 — La même pièce, avec la lettre; très-belle ép.

1095 — Le Lever des ouvrières en modes, le Coucher des ouvrières en modes. 2 pièces en pendant, gravées par Dequevauvillers; très-belles ép.

1096 — L'Ecole de danse, gravé par Dequevauviller; très-belle ép.

7 f - **1097 Lawrince.** La Balançoire mystérieuse, par Vidal. Épreuve d'eau-forte, habilement coloriée, probablement par Vidal.

3 4 1098 — La Balançoire mystérieuse; très-belle ép. avec la lettre, avant le flot.

2 3 0 1099 — La Balançoire mystérieuse, les Nymphes scrupuleuses. 2 pièces en pendant, gravées par Vidal, épreuves superbes, avant toutes lettres.

1 4 0 1100 — La Consolation de l'absence, par Delaunay; très-belle ép. avant la lettre; très-rare.

3 6 · 1101 — La même pièce, avec la lettre. Très-belle ép.

2 6 - 1102 — Les Offres séduisantes, par Delignon. Très-belle ép. avant la lettre.

16 - 1103 — La même pièce, avec la lettre. Très-belle ép.

10 1104 — L'Innocence en danger, par Caquet; ép. d'eau-forte.

37 1105 — La même pièce, avec la lettre. Très-belle ép.

8 6 1106 — Le Directeur des toilettes. Superbe ép. avant la lettre, gravée par Voyez l'aîné.

33 - 1107 — La même pièce, avec la lettre. Très-belle ép.

8 0 1108 — La Soubrette confidente, superbe ép. avant la lettre, gravée par Vidal.

17 1109 — La même pièce, avec la lettre. Très-belle ép.

8 1 1110 — Le Roman dangereux, par Helman. Très-belle ép., toutes marges.

121 - 1111 — Le Restaurant, par Deni. Superbe ép. avant la lettre; très-rare.

4 0 1112 — La même pièce, avec la lettre. Très-belle ép.

126 1113 — Le Repentir tardif, par Le Villain. Superbe ép. avant la lettre.

33 - 1114 — La même pièce, avec la lettre. Très-belle ép.

37 1115 — La Marchande à la toilette, par Vidal. Très-belle ép.

3 0 1116 — Jamais d'accord. — Le Serin chéri, par Dnarglē. 2 charmantes pièces en couleur.

1117 **Lawrince**. L'Accident imprévu. — La Sentinelle en défaut. 2 pièces en couleur, par d'Arcis.

1118 — Les trois Sœurs au parc de St-Cloud.—Les Grâces parisiennes au bois de Vincennes. 2 pièces en couleur.

1119 — Le Déjeuner anglais, par Vidal ; en couleur; très-belle ép. Très-rare.

1120 — Le Déjeuner anglais. — La Leçon interrompue. 2 pièces, par Vidal ; très-belles ép. en noir.

1121 — Mrs Merteuil et Miss Cécile Volange. Valmont et Émilie. Valmont et la Présidente de Tourvel. La Présidente Tourvel. 4 pièces gravées par Girard. Tirées des Liaisons dangereuses.

1122 — Ah ! qu'elle est heureuse; gravé en manière noire, par de Bréa ; très-belle ép., avec le titre et les noms d'artistes à la pointe. Très-rare.

1123 — La même pièce ; le titre changé et remplacé par les deux Cages, ou la Plus heureuse. Très-belle ép. ; rare.

1124 **Lebas** *sculp.* (Ph.). 14 Sujets divers imprimés. 2 à la feuille. 14 pièces.

1125 — Motifs de têtes, Figures seules, Académies. 28 pièces imprimées à 3 et 4 sur une feuille.

1126 **Lebel**. Paul et Virginie, par Ab. Girardet. Avant la lettre.

1127 — Elle est prise ; avant toutes lettres.

1128 — La Fidélité en défaut, par Hémery. Très-belle ép. avant la lettre.

1129 — La même pièce, avec la lettre.

1130 **Lebrun** (Charles). La Douleur, par Car. Levesque.

1131 **Lebrun**. L'Épouse mal gardée, ou le Mariage à la mode, par Dambrun. — L'heureux Ménage, ou les Époux vertueux, par Martini. 2 pièces faisant pendant. Très-belles ép.

1132 — La Toilette de la mariée, ou le Jour désiré, par Dambrun.

9 - 1133 **Lebrun** (Mme). Monseigneur le Dauphin, et Madame, fille du Roi, par Maurice Blot.

3 ·fo 1134 **Lecanu**. Décorations d'appartements. 7 pièces.

1? - 1135 **Leclerc** (F.). La Sultane au bain, par Deny. Très-belle ép.

10 - 1136 — L'Hermite en queste. — L'Abbé en conqueste. 2 pièces ; très-belles ép. A Paris chez Bonnart.

5 - 1137 — Le Rossignol, par de Larmessin. Très-belle ép.

8 ·fo 1138 — Le Faiseur d'oreilles, et le Raccommodeur de moules, par de Larmessin. Très-belle ép.

9 - 1139 **Leclerc** (Sébastien). Les Sens, suite de 5 pièces, gravées par E. Jeaurat. Très-belles ép.

10 ·fo 1140 **Legendre**. Dame jouant de la harpe, par Chevillet. Très-belle ép. avant la lettre.

12 · 1141 — Le même sujet, ovale en contre-partie, par Chevillet. Avant la lettre.

17 1142 **Legrand** (A Paris, chez Aug.). Le joli Chien. Charmante petite pièce gracieuse, en ovale.

6 - 1143 **Le Mere**. La Clochette, par Fillœul. Très-belle ép.

5 - 1144 — Le Cuvier, par Fillœul. Belle ép.

2 1145 **Lemoine** (François). Hercule et Omphale, par Laur. Cars. Très-belle ép.

5 - 1146 — L'Enlèvement d'Europe, par Laur. Cars. Très-belle ép.

2 ·fo 1147 — Diane découvrant la grossesse de Calisto, par Walker. Très-belle ép. avant la lettre.

5 ·fo 1148 — Céphale enlevé par l'Aurore, par Laur. Cars. Très-belle ép.

5 · 1149 — Le Temps enlevant la Vérité, par L. Cars. Très-belle ép.

1150 — Persé et Andromède, par L. Cars. Très-belle ép.

3 · 1151 — Ubalde et le chevalier Danois, par N. Silvestre. Très-belle ép.

40 1152 — Jeune Femme prête à entrer au bain, par L. Cars. Très-belle ép. avant les vers.

1153 **Lemoine**. La même, avec 4 vers au bas. — *Mortel, fuyez loin de ces lieux*. Très-belle ép.

1154 — Jacob aperçoit Rachel, par Cochin. Ép. d'eau-forte pure.

1155 — *L'Amour dans l'âge d'or était fidèle et tendre*, par C.-N. Cochin. Très-belle ép.

1156 — Ève donnant la pomme à Adam. Très-belle ép. avant la lettre. Adam et Ève après leur péché ; avec la lettre. 2 pièces, belles ép., gravées par Laur. Cars.

1157 **Lepautre**. Livre de cheminées à la moderne. 6 pièces.

1158 — Décorations d'appartements; Vases. 12 pièces.

1159 **Lepeintre**. Philippe d'Orléans et sa Famille, par Aug. de Saint-Aubin. Superbe ép. avant la lettre.

1160 — La même, avec la lettre.

1161 **Lépicié**. *Quos Ego.....*, par Levasseur. Superbe ép. avant la dédicace.

1162 **Leprince** (J.-B.). La Crainte, par N. Lemire. Très-belle ép.

1163 — L'Amour à l'espagnole, par Aug. de Saint-Aubin. Très-belle ép. avant la dédicace.

1164 — L'Amour des fleurs, par Chevillet. Très-belle ép.

1165 — La Lettre envoyée.—La Lettre rendue. 2 pièces en pendant, gravées par N. de Launay. Très-belles ép. avant la dédicace.

1166 — La Lettre envoyée, par N. Delaunay. Très-belle ép.

1167 — Le Marchand de lunettes. — Le Médecin clairvoyant. 2 pièces, gravées par Helman. Très-belles ép.

1168 — Le Nécromantien, par Helman. Très-belle ép. avant la dédicace.

1169 — La Récréation champêtre, par Gaillard.

1170 — La Précaution inutile, par Helman. La dédicace coupée.

6·fo 1171 **Leprince** (J.-B.). Les Modèles, par de Longueuil. Superbe ép. avant toutes lettres, avec les armes.

3·fo 1172 — La Diseuse de bonne aventure russienne. — Le Concert russien. 2 pièces en pendant, gravées par R. Gaillard. Très-belles ép.

4 1173 — Les Délices de l'été, par Liénard. Très-belle ép. avant la lettre.

1174 — La même, avec la lettre.

3·fo 1175 **Leroy**. Le Retour de chasse, par Beljambe, avant la lettre.

5· 1176 **Lesueur** (Louis). Le Rendez-vous à la Fontaine. par Louvion. Très-belle ép. avant la dédicace.

2·fo 1177 — L'Amour dérobe le foudre à Jupiter, par Beauvais. Le même sujet, titre différent, par Moyreau. 2 pièces.

30 1178 **Levaillé**. Le Bain interrompu. La Circassienne à l'Encan, d'ap. Borel. 2 pièces, en couleur,

200· 1179 — Le Charlatan. La Bascule. 2 pièces en couleur, d'ap. Borel. Belles ép.

1180 — Têtes de jeunes Filles, d'ap. Huet. 2 pièces.

11·fo 1181 — L'Amour curieux. L'Amour corrigé, d'ap. Huet. aux 2 crayons. 2 pièces.

103·fo 1182 — Léda, d'ap. Boucher. Venus sortie du Bain, d'ap. Carême, 2 pièces, en couleur.

15· 1183 — *Ætatis Auræ Typus*, d'ap. Lebarbier. ép. avant la lettre, en couleur.

10 1184 — La même avec la lettre. *Inter nihil et omnia sex dies interfuerunt.* 2 pièces.

5· 1185 **Leybold** (gravé J. F). La Malicieuse, peint par *** de l'École française. Au bas 4 vers : *A vos regards malins, au rude traitement.* Rare.

fo· 1186 **Longueil** (Manière de de). Le Colin maillard. avant la lettre, en couleur.

13·fo 1187 **Mallet**. Chit chit !…. Par ici !…. par Copia. 2 pièces.

21 1188 — Chit chit, en couleur.

26 - 1189 **Mallet.** Les Jeux de l'Amour, par Beljambe. ép. avant toutes lettres, en couleur.

9 - 1190 — La même, avec la lettre.

20 - 1191 — Je m'occupais en attendant, par Girard. Les Amours à la Maison, par Prot. 2 pièces en couleur.

30 1192 — Julie ou le Premier baiser de l'Amour, par Copia, en couleur.

14 - 1193 — La Visite du Matin. La Nouvelle intéressante. par Mixelle. 2 pièces, en couleur.

41 - 1194 **Marchand** (sculp). L'heureux moment. Très-belle ép.

1195 **Marcus-Pitteri** (incid). Portrait de femme, coiffée d'un chapeau, une rose dans les cheveux, buste fort comme nature.

14 1196 **Marillier.** Les Bains de Diane, par Maleuvre. avant toutes lettres.

8·fo 1197 — La même, avec la lettre.

8·fo 1198 — Pigmalion et Galathée, par Dargez.

8 - 1199 **Marin.** Têtes de jeunes Femmes. d'ap. Leclerc. 2 pièces, en couleur.

8·fo 1200 — Têtes de jeunes Femmes. d'ap. Leclerc. 2 pièces, en couleur.

30 - 1201 — Provoking fidelity, et pendant. d'ap. Parelle. 2 pièces, couleur et or.

31 1202 — The pleasures of éducation. The Charmes of the Morning. 2 pièces, couleur et or.

30 1203 — The Woman taking Coffee. The Milk Woman. 2 pièces, en couleur et or.

6 1204 — The Welcome Necos, et pendant. d'ap. Leprince. 2 pièces, en couleur.

7·fo 1205 — Nymphe de Flore. Nymphe sortant du bain. d'ap. Barbier. 2 pièces en couleur.

11·fo 1206 — L'Espoir d'un heureux jour, et pendant. d'ap. Bonnieu. 2 pièces, en couleur. Les titres coupés.

1207 **Marin.** L'Espoir d'un heureux jour. d'ap. Bounieu. Très-belle ép. en couleur.

1208 — Les Musiciens d'ap. Raoux. La confidence. d'ap. Bounieu, par Jubier. 2 pièces en couleur.

1209 **Marot.** Vues des hôtels, La Vrillière, de Chevreuse, Beautru, Liancourt. 5 pièces.

1210 **Martinet.** Le bouquet déchiré. d'ap. Duclos. Charmante petite pièce coloriée.

1211 **Massard** (sculp). Abraham recevant Agar. ép. avant la lettre, tachée.

1212 — Meissonnier et autre. Chandeliers et Candélabres. 5 pièces.

1213 **Mercier** (Pierre). Berger et bergère se dirigeant à gauche précédés de leur chien. L'escamoteur. 2 pièces gravées par Ravenet.

1214 **Mettay.** Antiope réveillée par l'Amour. Le Satyre amoureux. 2 pièces en pendant gravées par Levasseur.

1215 — Diane au bain, par Viel. Belle ép.

1216 **Miéris** (François). Portrait de sa Femme, par Klauber. Très-belle ép.

1217 — Erigone, par Massard. Très-belle ép. avant la lettre.

1218 — Tricoteuse hollandaise, par J. G. Wille. Très-belle ép.

1219 **Mignard** (Pierre). Pan et Syrinx, par E. Jeaurat.

1220 **Moitte.** Deux amants sur un lit. Très-belle ép. avant toutes lettres, et avant la draperie.

1221 — L'écueil de l'innocence, par Deny.

1222 — Le Bouquet déchiré, par Deny.

1223 — Le Consommé, par Deny.

1254 — La Curiosité punie, par Deny. ép. avant la lettre.

1225 — La même avec la lettre. 2 pièces.

1226 — Le Jaloux endormi. L'infidélité reconnue. 2 pièces. par Vidal. Très-belles ép. avant la lettre.

1227 **Moitte.** Les mêmes avec la lettre.

1228 **Monnet**. Renaud et Armide, par Vidal. Très-belle ép. avant la lettre et la draperie.

1229 — La même, avec la lettre et la draperie.

1230 — Jupiter et Anthiope, par Vidal. ép. avant la lettre et la draperie.

1231 — La même, avec la lettre et la draperie.

1232 — Jupiter et Io, par Vidal. ép. avant la lettre et la draperie.

1233 — La même, avec la lettre et la draperie.

1234 — Salmacis et Hermaphrodite, par Vidal. Très-belle ép. avant la lettre.

1235 — La même, avec la lettre.

1236 — Les Baigneuses suprises, par Vidal. ép. du 1er état. avant la lettre et le changement dans les cheveux, fait depuis aux épreuves postérieures.

1237 — La même ép. du 2e état avec la lettre les cheveux changés et avant les tailles obliques dans le coin gauche du bas.

1238 — La même pièce, 3e état, la lettre et les cheveux grattés. ép. qu'à tort on a toujours donnée comme étant avant la lettre, nous rectifions cette erreur, que seule la comparaison pouvait faire reconnaître par les presque imperceptibles variantes dans les ombres de la banderolle, les travaux additionnels dans le coin gauche du bas, en sont une preuve certaine.

1239 **Moreau** (J. M). Projets de Fontaines. 4 pièces.

1240 — Au Roi. A la Reine. 2 pièces allégoriques représentant Louis XVI et Marie-Antoinettre, par N. Lemire. Très-belle ép.

1241 — Le sacre de Louis XVI à Rheims. Très-belle ép. d'eau-forte pure avec des croquis dans la marge du bas. Rare.

1242 — La même pièce, terminée. Très-belle ép.

1243 — Cartouche ornementé avec le portrait de Louis XV

dans un médaillon, soutenu par des amours. Réper-
toire de Fontainebleau, année M. DCC. LXXIII, gravé
par Lempereur. Très-belle ép. avant l'impression du
texte typographique.

1244 **Moreau** (J.-M.). Le même, cartouche, avec le texte.
Belle ép.

1245 — Autre cartouche. Au-dessus d'une tablette séparée
par le milieu, le portrait de Louis XV dans un médaillon ailé ; sur les côtés, la tragédie et la comédie
représentées par deux femmes ; au bas, attributs de
musiques, gravé par Ponce. Très-belle ép. avant la
lettre.

1246 — Autre cartouche. Au milieu du haut, Louis VV
dans un médaillon, entouré de rayons, dans le haut
à gauche, le génie soutient la peinture qui se dirige
vers le médaillon de Louis XV, à droite un satyre
tenant un luth, ses regards tournés vers la comédie ;
sur les cotés attributs divers représentés par des
amours. Très-belle ép. avant la lettre.

1247 — Vignettes in-4 pour l'Émile de Rousseau, par
Delaunay. 11 pièces y compris le portrait.

1248 — Suites d'Estampes pour servir à l'Histoire des Mœurs
et du Costume des Français dans le XVIIIe siècle.
— Déclaration de la grossesse par Martini.
— Les Précautions, par Martini.
— J'en accepte l'heureux présage, par Trière.
— N'ayez pas peur, ma bonne Amie, par Helman.
— C'est un Fils, Monsieur, par Baquoy.
— Les Petits Parrains, par Baquoy et Patas.
— Les Délices de la Maternité, par Helman.
— L'accord parfait, par Helman.
— Le Rendez-vous pour Marly, par Guttemberg.
— Les Adieux, par Delaunay.
— La Rencontre au Bois de Boulogne, par Gut-
temberg.

Moreau (J.-M.). La Dame du palais de la Reine, par Martini.

— Le Lever, par Halbou.

— La Petite toilette, par Martini.

— La Grande toilette, par Romanet.

— La Course des chevaux, par Guttemberg.

— Le Pari gagné, par Camligue.

— La Partie de Wisch, par Dambrun.

— Oui ou Non. par Thomas.

— Le Seigneur chez son Fermier, par Delignon.

— La Petite loge, par Patas.

— La Sortie de l'Opéra, par Malbeste.

— Le Souper fin, par Helman.

— Le Vrai bonheur, par Simonet.

— La Matinée, par Bosse. d'ap. Freudeberg.

— La Surprise, par Ingouf. d'ap. Freudeberg.

(Ces deux dernières ont été réduites de façon à pouvoir être intercalées à la suite des Moreau ; elles ne portent pas de numéro). Cette série de 26 pièces numérotées de 13 à 26 inclusivement, avec le privilège du roi et la date, forme le complément des Freudeberg décrits dans ce catalogue sous le n° 765.

1249 — Seconde suite d'Estampes pour servir à l'histoire des modes et du costume en France, dans le XVIII° siècle. année 1776. Suite 12 petites réductions Très-belles ép.

1250 — Le couronnement de Voltaire, par Gaucher. Très-belle ép. toutes marges.

1251 — Les dernières paroles de J.-J. Rousseau, par Guttemberg. Très-belle ép. avant la lettre

1252 — Tombeau de Jean-Jacques Rousseau. Très-belle ép. avant que la vieille femme, agenouillée à gauche n'ait été supprimée. Très-rare.

1353 — Les Graces, suite de 6 pièces. avant la lettre, gravées par Massard, de Longueil, Delaunay et Simonet. Très-belles ép.

1254 **Moreau** (J.-M.). Le Festin royal. Le Bal masqué. 2 pièces en pendant ; superbes ép. Avant la lettre.

1254 (bis) Les mêmes, avec la lettre. 2 piéces.

1255 — Memnon ou l'Écœuil du sage, par Vidal, belle ép.

1256 — L'amour enchaîné par les Graces. L'amour désarmé. 2 charmantes compositions en hauteur, gravées par Denys. Très-belles ép.

1257 **Mouchet** (F). La ruse d'amour. Très-belle ép. avant la lettre, par d'Arcis.

1258 — La même pièce avec la lettre.

1259 — Couchez-là, par d'Arcis. Très-belle ép. avant la — lettre.

1260 — La même lettre. Très-belle ép.

1261 — Le Reveil importun, par d'Arcis. Très-belle ép.

1262 — Les Chagrins de l'enfance, par Lecœur. En couleur.

1263 — La Méprise, par Macret et Anselin. Belle ép.

1264 — L'Illusion, par R. Très-belle ép. avant l'entourage.

1265 — L'Illusion, la même pièce avec l'entourage gravé par D. Très-belle ép.

1266 **Natoire** (Ch). Les Éléments, suite de 4 pièces gravées par Aveline et Perroneau. Très-belles ép.

1267 — Diane et Actéon, par Desplaces. Belle ép.

1268 — Le Triomphe d'Amphitrite, le Triomphe de Bacchus. 2 pièces gravées par Cl. Duflos.

1269 — Vénus et Enée, par J.-J. Flipart.

1270 — Le Triomphe d'Amphitrite, par Moitte. Très-belle ép.

1271 — Jupiter et Calisto, par Pelletier. Belle ép.

1272 — Enlèvement d'une sabine. Léda. Amphitrite. 3 pièces.

1273 — L'Alliance de la poésie et de la musique. Belle ép.

1274 **Nattier**. Mme Adelaïde de France (L'air). Par Beauvarlet. Mme Marie-Louise-Thérèse-Viétoire de France

(L'eau). Par R. Gaillard. 2 pièces superbes ép. avant la lettre.

1275 **Nattier.** Les éléments, suite de 4 pièces, très-belles ép. gravées par Baléchou, J. Beauvarlet, R. Gaillard et J. Tardieu. Représentant, Mme Louise-Élisabeth de France, duchesse de Parme (La terre). Mme Adelaïde dé France (L'air). Mme Marie-Louise-Thérèse-Victorine de France (L'eau). Mme Marie-Henriette de France (Le feu).

1276 — La Force (Mme de Châteauroux). Par Balechou. Très-belle ép.

1277 — Le chaste Joseph, par Beauvarlet. Très-belle ép.

1278 — Cette liqueur brillante et pure, gravée en 1751. Très-belle et 1re ép. A Paris, chez Joullain.

1279 — La Nuit passe, l'Aurore paraît, par Malœuvre. Superbe ép. Avant la lettre. Très-rare.

1280 — La même, avec la lettre. Très-belle ép.

1281 **Nattier.** Flore à son lever, par Malœuvre. Superbe ép. avant la lettre. Rare.

1282 — La même, avec la lettre. Très-belle ép.

1283 — La Belle source (Mme de Chateauroux). Par Méliny. Belle ép.

1284 — Triomphe de Galathée, par Henriquez. Superbe ép. Avant la lettre.

1285 — La Chasseuse aux cœurs (Mlle de Beaujalais). Par Henriquez. Très-belle ép.

1286 — Mme la duchesse de^*** en Hébé (Louis-Henriette de Bourbon-Conti duchesse d'Orléans et mère d'égalité). Par Hubert. Superbe et très-rare épreuve. Avant la lettre.

1287 — La même, avec la lettre. Très-belle ép. Rare.

1288 — Mme de^*** en Flore, par Voyez le jeune. Très-belle ép.

1289 **Oppenort** et autres. 14 pièces.

1290 **Parizeau** (dessiné et gravé par) jeune homme

dans une barque, entouré de naïades et d'amours portant des guirlandes gravé à l'aqua-tinte.

10 1291 — **Parizeau** (Dessiné et gravé par). Jupiter et Antiope, d'après Boucher, aqua-tinte. Avant et avec la lettre. 2 pièces.

13 - 1292 **Parrocel**. Danse à l'Italienne. Halte des gardes suisses. Le roy à la chasse. 3 pièces par Ph. Lebas.

12 ·50 1293 **Pater**. Le Glouton, par Fillœul. Très-belle ép.

10 - 1294 — La Courtisane amoureuse, par Fillœul. Très-belle ép.

20 1296 — Le Bain, par Cl. Duclos. Très-belle ép.

1297 — La Feste italienne, par Cl. Duflos. Belle ép.

56 - 1298 — Les Plaisirs de la jeunesse : Colin-Maillard, — Le Concert amoureux, — La Conversation intéressante, — La Danse. Suite de 4 pièces, gravées par Fillœul. Belles ép.

9 ·50 1299 — Le Cocu battu et content, par Fillœul. Très-belle ép.

21 - 1300 — Le Savetier, par Fillœul. Belle ép.

23 1301 — Le Baiser donné ; le Baiser rendu, par Fillœul ; 2 pièces. Très-belles ép. Chez Fillœul.

25 1302 — Les Aveux indiscrets, à Paris, chez Fillœul. Belle ép.

21 1303 — L'Amour et le Badinage, par Fillœul. Très-belle ép.

7 ·50 1304 — Les Amants heureux, par Fillœul. Très-belle ép.

23 - 1305 — La belle Bouquetière. — L'agréable Société ; 2 pièces en pendant, gravées par Fillœul. Belles ép.

26 1306 — Marche comique, par Ravenet. Magnifique ép.

37 1307 — L'Orchestre de Village, par Ravenet. Magnifique ép.

21 1308 — Le Désir de plaire, par L. Surugue. Superbe ép.

34 1309 — Les Plaisirs de l'Été, par L. Surugue. Très-belle ép.

14 1310 **Pater.** L'aimable Entrevue, par J. Tardieu. Belle ép.

23 - 1311 — L'Essai du Bain, par Voyez. Très-belle ép.

10 0 - 1312 **Perelle.** Vues des belles Maisons de France. Recueil de 218 planches reliées en un volume oblong. La plupart avec l'adresse de Langlois.

5 - 1313 **Peters.** Les Enfants grondés, par Chévillet. Jolie pièce à costumes. Très-belle ép. avant la lettre.

24 1314 **Petit.** Femmes nues, d'ap. Boucher. 13 pièces.

8·5o 1315 **Piazetta.** Motifs d'encadrements. 4 pièces.

5 - 1316 **Picart** (Bernard). Concert dans un Parc. Très-belle ép.

2 - 1317 — La Bête à l'ombre. Jolie pièce.

2·5o 1318 — Renaud et Armide, par Chéreau. Très-belle ép.

1·5o 1319 — Livre de divers Paysages, par F. Silvestre. 7 pièces.

6 - 1320 — Duflos et autres, réduction d'ap. les maîtres. 16 pièces.

26 - 1320 bis. — Picart et autres. 34 pièces.
1321 — Picart et autres. 25 pièces.
1322 — Picart et autres. 30 pièces.

5 - 1323 **Pierre.** La Lanterne magique, par Daullé ; le Savoyard, par Larmessin, 2 pièces. Belles ép.

2 - 1324 — Endymion, par N. Delaunay. Très-belle ép.

8 1325 — Léda, par N. Delaunay. Très-belle ép. avant toutes lettres.

2·5o 1326 — La même avec la lettre. Belle ép.

5 - 1327 — La Peinture, par Marie Madeleine Igonet. Belle ép.
1328 — La Nymphe Erigone, par Anna Lefort. Très-belle ép.
1329 — Bacchus et Ariane, par Lempereur. Très-belle ép.

5·5o 1330 — L'Enlèvement d'Europe, par Lempereur. Très-belle ép. avant toutes lettres.

4·5o 1331 — La même avec la lettre. Belle ép.
1332 — Sacrifice en l'honneur de Pan, par Lempereur. Très-belle ép.

2 · 50   **1333 Pierre.** Les Serments du berger, par Lempereur. Très-belle ép.

  1334 — Le Massacre des Innocents, par Lempereur; Vénus et l'Amour, par Parizeau ; la Fuite. 3 pièces.

4 · 50   **1335** — Les Forges de Vulcain, par Lempereur. Très-belle ép.

  1336 — Vénus et l'Amour, par Levêque. Belle ép.

2 -   **1337** — Le Lever de l'Aurore, gravé à la manière du crayon, par J.-B. Lucien.

  1338 — Le galant Jardinier, par de F.; les Bacchantes, gravépar Pelletier. 2 pièces.

12 ·   **1339** — Marché aux Légumes, par Pelletier. Très-belle ép. avant les adresses de Fouquet et Basan.

  1340 — Bacchanale, par Preisler. Très-belle ép.

8 ·   **1341** — Jupiter et Antiope, par Schmitz. Très-belle ép. avant la lettre.

  1442 — La même avec la lettre. Belle ép.

9 · 50   **1343 Pineau** et divers. Décorations d'appartements. 8 pièces.

18 -   **1344 Poilly** (chez de). Les Sens, jolie petite suite de 5 pièces.

33 -   **1345 Pompadour** (Mme la M^{se} de). Pierres gravées, d'ap. Guay. 22 pièces.

12   **1346 Poussin** (Nic.). Jupiter et Calisto, par Daullé. Très-belle ép.

  1347 — Vénus endormie, par Daullé. Très-belle ép.

4 0   **1348 Poussin** (S.). Bal de Saint-Cloud, par S. Fessard. Très-belle ép.

2 8   **1349 Prudhon** (P.-P.). L'Amour rit des pleurs qu'il fai verser ; l'Amour réduit à la raison. 2 pièces avant la lettre, par Copia. Superbes ép.

2 · 50   **1350** — L'Amour ; Marguerite ; le Printemps et l'Été. 4 pièces lithog., par Jules Boilly.

1 0   **1351 Prudhon** et Mlle Mayer. L'Innocence préfère l'Amour à la richesse; le Plaisir l'entraîne, le re-

pentir la suit, par Roger, avant la lettre, 2 pièces. Très-belles ép;

1352 **Quéverdo** (Delin et Aqua-Forti). Nouvelle du Bien-Aimé, terminé au burin, par Romanet.

1353 **Quéverdo** (d'ap.). Les Aveux sincères ou les Accords de Mariage, par Martini.

1354 — Le Sommeil interrompu, par Dambrun. Très-belle ép. avant la dédicace.

1355 — La même avec la dédicace.

1356 — Départ pour le Sabbat, par Maleuvre.

1357 **Ranc** (J.). Vertumme et Pomone. Au bas 4 vers : Laisse ton parasol, Nymphe, prends d'autres armes, par N. Edelinck. Très-belle ép.

1358 **Ranson**. Première suite de différents Attributs, Trophées et Groupes de Fleurs. 6 pièces.

1359 — 16e Cahier de son œuvre. 6 pièces.

1360 — Trophées divers, 8e cahier. 6 pièces.

1361 — Cahier de Trophées militaires. 6 pièces.

1362 — et Berthault. Groupes de Fleurs et Trophées. 10 pièces.

1363 **Raoux** (Jean). La Confidence; par Beauvarlet. Superbe ép. avant toutes lettres.

1364 — La même, avec la lettre.

1365 — Satyre jouant de la flûte près d'une Nymphe, Basan exc., avant la lettre.

1466 — Les Vierges sages et les Vierges folles, par N. Delaunay. Très-belle ép. avant toutes lettres.

1367 — Le Rendez-vous agréable. Très-belle ép., à Paris, chez Beauvarlet.

1368 — Angélique et Médor, par N. Delaunay. Très-belle ép. avant la dédicace.

1369 — La même, avec la dédicace.

1370 — La jeune Coquette, par Chevillet. Belle ép.

1371 — Repos de Vénus et les Grâces au bain, par J. Daullé. Très-belle ép.

9 - 1372 **Raoux**. Les quatre âges, par Moyreau (manque l'Enfance). 3 pièces.

3 - 1373 — David et Bethsabée, par Chereau le jeune.

8·fo 1374 — *Oiseau, pour t'échapper des mains de cette Belle.* — *Méfiez-vous, Philis, de cet aimable Maître.* 2 pièces gravées par N. Dupuis jeune.

26 1375 **Regnault** (peint et gravé par). Dors, dors…. Ah ! s'il s'éveillait ! 2 pièces avant la lettre, imprimées en bistre. Très-belle ép.

25· 1375 bis. — Les mêmes, avec la lettre, en noir.

18 1376 — La Nuit ; le Matin, avant la lettre. 2 pièces.

8·fo 1377 — La Nuit; le Matin; le Soir. 3 pièces, avec la lettre.

2· 1378 **Renaud**. L'Amour s'endormant sur le sein de Psyché, par Beljambè. Très-belle ép. avant la lettre.

10 - 1379 — La même, avec la lettre. Belle ép.

8· 1380 **Renou**. Jupiter et Io, par Legrand. Très-belle ép. avant la lettre.

76 - 1381 **Rigaud** (J.). Vues de Palais, Châteaux et Maisons royales de Paris et des environs, recueil de 121 planches (manque le n° 97) : Vue générale de Fontainebleau. En plus 2 vues de Marseille, en tout 122 pièces.

8·fo 1382 **Rosalba**. Les quatre Heures du Jour, par Duflos ; jolie petite suite. Très-belles ép.

8·fo 1383 — Les quatre Saisons, par Duflos, jolie petite suite.

3·fo 1384 — Musik, par Sintzenich, en couleur.

6 - 1385 **Rubens**. La Marche de Silène, par Delaunay. Superbe ép. avant la dédicace.

10 1386 **Saint-Aubin** (Aug. de). L'Hommage réciproque. 2 pièces différentes, par Gaultier.

46 1387 — Adrienne-Sophie, marquise de*** ; Louise-Emilie, baronne de***. 2 charmants portraits de femmes. Très-belles ép.

66 - 1388 — Au moins soyez discret ; Comptez sur mes serments. 2 pièces. Superbes ép. avant la lettre ; le nom de l'artiste à la pointe.

22   1389 — **Saint-Aubin**. Les mêmes pièces, avec la lettre. Très-belles ép.

21   1390 — La Jardinière, par Ph. et Moret. Charmante pièce en couleur.

13   1391 — L'heureux Ménage ; l'heureuse Mère ; la Tendresse maternelle. 3 pièces en couleur.

81 .   1392 — La Promenade des Remparts de Paris, par Courtois. Superbe ép. avant toute lettre. Rare.

14 6   1393 — La Promenade des Remparts de Paris ; Tableau des Portraits à la mode, 2 charmantes pièces, gravées par Courtois. Très-belles ép.

4 9 9   1394 — Le Bal paré ; le Concert, 2 pièces charmantes pour l'agencement et la variété des costumes, gravées par A.-J. Duclos. Magnifiques ép. avant la lettre, en parfaite conditions et avec de belles marges. Très-rares en cet état.

12 8   1395 — Les mêmes pièces, avec la lettre, à Paris, chez Chéreau. Très-belles ép.

2 f .   1396 **Saint-Aubin** (Gabriel de). La Comparaison du bouton de rose, par Dennel. Superbe | ép., avant toutes lettres.

4 . fo   1397 — La même pièce, avec la lettre. Très-belle ép.

11 . fo   1398 — Les Enfants bien avisés, par P.-F. Tardieu. Belle ép.

fo ‑   1399 — La Guinguette ; Divertissement pantomime du Théâtre italien, Ballet dansé au Théâtre de l'Opéra ; 2 pièces en pendant, gravées par Basan. Très-belles ép.

1400 **Saint-Non**. Pan et Syrinx ; Bacchanale, d'ap. Boucher, à l'aquatinte. 2 pièces.

9 . fo   1401 — Bacchanale, d'après Boucher. A l'aqua-tinte.

1402 — Étude de plafond, d'ap. Boucher. A l'aqua-tinte.

3 —   1403 **Saint-Non, Janinet**, etc. Aqua-tinte, d'ap. Boucher. 5 pièces.

8 0   1404 **Sayer** (publié par). La Perte irréparable. — La

Réflexion tardive. — L'Instant de la gaîté. — La Chambrière instruite. 4 pièces coloriées.

1405 **Saint-Quentin**. Les Bacchantes de Cythère, par F^se Deschamps.

La même, par Milcent. 2 pièces.

1406 — Vénus endormie. — Diane endormie. 2 pièces en pendant, gravées par Littret. Très-belles ép.

1407 **Schalken** (G.). Le Concert de famille, par J.-G. Wille. Très-belle ép.

1408 **Schenau**. La Leçon de botanique, par Chevillet. Très-belle ép. avant la lettre.

1409 — Jeune Mère et son Enfant donnant des mouches à manger à un petit oiseau. Très-belle ép. avant toutes lettres.

1410 — Le Moulin à vent, par Schwab. Très-belle ép. avant la lettre.

1411 — La bonne Mère, avant la lettre. Très-belle ép.

1412 — La bonne Amitié, par Chevillet. Très-belle ép.

1413 — Le petit Glouton, par J. Ouvrier. Très-belle ép.

1414 — Le petit Viseur, par Angel-Martinet. Très-belle ép.

1415 — Image de la beauté, par Chevillet. Très-belle ép.

1416 — Les Enfants jardiniers, par Henriquez. Très-belle ép.

1417 — Le jeune Virtuose, par Schultze. Très-belle ép.

1418 — Le petit Joueur de vielle. — La petite Musicienne. 2 pièces gravées par Angel-Martinet. Très-belles ép.

1419 — La Lanterne magique, par J. Ouvrier. Très-belle ép.

1420 — L'Origine de la peinture, ou les Portraits à la mode, par J. Ouvrier. Très-belle ép.

1421 — L'Espérance au hasard, par Dupuis.

1422 — Carême-Prenant, par Voyez. Très-belle ép.

1423 — Le Miroir cassé, par Chevillet. Très-belle ép.

1424 — L'heureux Serin. — L'Écureuil content. 2 pièces gravées, par Gaillard. Très-belles ép.

7 1425 **Schenau**. La belle Fileuse. — L'Ouvrière en dentelle. 2 pièces, gravées par Gaillard. Très-belles ép.

1426 — La gentille Repasseuse, par Littret et Romanet.
Très-belle ép.

6 1427 — La Crédulité sans réflexion, par Halbou. Très-
belle ép.

1428 — Les Intrigues amoureuses, par L. Halbou. Très
belle ép.

18 1429 **Sélis**. Vignettes pour les Contes de Lafontaine ; les
quatre Saisons. 30 pièces.

21 1430 **Sergent** (Manière de). Scène d'intérieur. — Jeune
Dame jouant de la mandoline. Jolie pièce ; coloriée
sur trait.

5 1431 **Sicardi**. Oh ! Che Boccone ! par Burke. Très-belle
ép. tirée en bistre.

1432 **Silvestre** (Israël). Vues de Notre-Dame, de la Bastille. La Porte de la conférence, du Luxembourg, etc.
7 pièces sur Paris.

1433 — Vues du quai des Augustins et du pont St-Michel,
De la Maison de M. de Bretonvillier, et de l'Ile
Notre-Dame, etc. 10 pièces sur Paris.

1434 — Vues des hôtels : Vendôme, d'Angoulême,
de M. le duc de Luynes, etc. 5 pièces sur Paris.

1435 — Vues de la tour de Nesles, les galeries du
Louvre, l'Hôtel de Nevers, etc. 4 pièces sur
Paris.

1436 — Vues du palais d'Orléans. 5 pièces.

1437 — Vues des Tuileries, du palais Cardinal, de
l'Église des Carmes, du Louvre, etc. 12 pièces sur
Paris.

1438 — Vues de l'Hôtel-de-Ville, des Hôtels de Sully,
Saint-Paul, etc. 9 pièces sur Paris.

1439 — Vue du Louvre et de la porte de Nesle, du côté
du faubourg Saint-Germain, par Pérelle. Rare.

1440 — Vues diverses des environs de Paris. 11 pièces.

1441 **Silvestre** (Israël). Vues des Châteaux de Bury, Chavigny, de Bourbon, Villeroy et Coffry. 6 pièces.

1442 — Vues de Rouen, de la Roche-Guion, Gaillon. 9 pièces.

1443 — Diverses vues de la Champagne et de la Bourgogne. 14 pièces.

1444 — Diverses vues du Château de Richelieu et autre. 5 pièces.

1445 — Diverses vues de châteaux. 6 pièces.

1446 — Vues de Nancy. 11 pièces.

1447 — Vues de Rome et autres. 8 pièces.

1448 — Vues du château de Ruel. 15 pièces.

1449 — Vues de Saint-Germain-en-Laye. 5 pièces.

1450 — Diverses vues de châteaux. 8 pièces.

1451 — Vues de Liancourt. 21 pièces.

1452 — Vues de Fontainebleau. 10 pièces.

1453 — Vues des châteaux de Coulommiers, Blérancourt et Lusigny. 5 pièces.

1454 **Silvestre** (Louis). Angélique et Médor ; avant et avec la lettre. 2 pièces.

1455 **Slodtz**. Bal du May donné à Versailles, par Martinet. Très-belle ép.

1456 — La même, gouachée. Encadrée.

1457 **Soiron**. Le Déjeuner. Jolie pièce, coloriée sur trait.

1458 **Soldini**. La Bergère avec sa flûte, par Cl. Duflos.

1459 **Strange** (Robert). Didon sur le bûcher, d'après Guerchin. Très-belle ép.

1460 **Swebach des Fontaines**. — Café des patriotes, par Morret. Pièce curieuse ; en couleur.

1461 — La Vieillesse d'Annette et Lubin, par Lecœur. En couleur.

1462 **S. et C.** Le Marché conclu.— La Fille mal payée, par W.-D. et C. 2 pièces.

1463 **Taunay**. Foire de village, par Descourtis. En couleur. Superbe ép. avant toutes lettres.

1464 **Tannay**. Le Tambourin, par Descourtis. En couleur. Superbe ép. avant toutes lettres.

1465 — La Rixe, par Descourtis. En couleur. Superbe ép. avant toutes lettres.

1466 — Foire de village. — Noce de village, par Descourtis. 2 charmantes pièces en couleur.

1467 **Tanche**. Les Désirs naissants. — Le Danger des bosquets, par Lebeau. 2 pièces.

1468 **Taraval**. La jeune Ouvrière accablée de sommeil, par Schultze. Très-belle ép.

1469 — Le Gouverneur du sérail, choisissant les femmes, par N. Lemire. Très-belle ép.

1470 **Tardieu** (*sculp.*) La Toilette ; avant la lettre.

1471 **Terburg**. Instruction paternelle, par J.-G. Wille. Très-belle ép.

1472 — La Santé portée. — La Santé rendue. 2 pièces faisant pendant ; gravées par Chevillet.

1473 **Tiepolo** (Dominique). Scènes de marchand d'orviétan. — Danse à Venise, avec personnages masqués. 2 pièces gravées, par Giac. Léonardis.

1474 **Tischebien**. La Promesse du retour, par David.

1475 **Touzé**. Les Amusements dangereux, par Voyez le jeune.

1476 **Trémollière**. Les Bains de Diane, et sa Toilette. Très-belle ép. avant la dédicace.

1477 **Trinquesse**. La Sortie du bain, par L.-S. Lempereur. Superbe ép. du 1er état, avant la dédicace.

1478 — L'Irrésolution, ou la Confidence, par Pierron. Belle ép.

1479 **Vanloo** (J.-B.). Diane et Endymion, par J.-C. Levasseur. Très-belle ép.

1480 — L'Amour à l'école, par R. Gaillard. Très-belle ép.

1481 **Vanloo** (C.). Jupiter et Antiope, par St. Fessard. Très-belle ép.

1482 **Vanloo** (C.). Le même sujet, gravé par Vangelisti, ayant pour titre : Le Satyre indiscret. Très-belle ép.

1483 — La Gaieté, par Levesque. Très-belle ép.

1484 — Rendez-vous de chasse. — Le Chasseur fortuné. 2 pièces, par Ph. Lebas. Très-belles ép.

1485 — Vénus désarmant l'Amour, par Henriquez. Superbe ép. avant la lettre.

1486 — Le Coucher. Superbe ép. avant toutes lettres, par Porporati.

1487 — Les Grâces, par J. Pasquier. Belle ép.

1488 — Bethsabée, par Fréd. Hortemels. Superbe ép.

1489 — Halte d'officiers, par Ravenet. Très-belle ép.

1490 — Les Baigneuses, par Lempereur. Très-belle ép.

1491 — L'Élève dessinateur, par Angélique Brégeon. Très-belle ép.

1492 — Conversation espagnole, par Beauvarlet. Très-belle ép.

1493 — La Comédie. — La Tragédie. 2 pièces très-belles, gravées par Salvador.

1494 — L'Amour menaçant, par C. de Mechel. Belle ép.

1495 — Mars et Vénus, par F.-S. Ravenet. Très-belle ép.

1496 — Les Arts libéraux. Suite de 4 pièces, gravées par St. Fessard. Très-belles ép.

1497 — L'Amour clairvoyant, par S. Klauber.

1498 **Vangorp**. La Surprise. — La Ruse, par Honoré. 2 pièces. En couleur.

1499 — Le Déjeuner de Fanfan, par Malles. Très-belle ép. avant toutes lettres.

1500 — La même, avec la lettre.

1501 **Véronèse**. Jupiter et Léda, par Aug. de Saint-Aubin. Très-belle ép. avant la lettre.

1502 **Vien**. La vertueuse Athénienne. La jeune Corinthienne. 2 pièces. Superbes ép. avant toutes lettres, gravées par Flipart.

1503 — Les mêmes, avec la lettre. Très-belles ép.

1504 **Vien**. Offrande à Vénus. Offrande à Cérès. 2 pièces. Superbes ép. avant toutes lettres, gravées par Beauvarlet.

1505 — Les mêmes, avec la lettre. Très-belles ép.

1506 — La Marchande d'Amours, par Beauvarlet. Très-belle ép. avant la lettre.

1507. — La même avec la lettre. Très-belle ép.

1508 — Autel du jeune Bacchus. Jeune Circassienne au bain. 2 pièces. Gravées par Glairon Mondet.

1509 — — La Chaste Susanne, par Beauvarlet. Très-belle ép.

1510 **Vleuhhels**. La jument du compère Pierre, par de Larmessin, très-belle ép.

1511 — Frère Luce, par de Larmessin. Très-belle ép.

1512 — Le Villageois qui cherche son veau, par de Larmessin. Très-belle ép.

1513 — Le Bât, par de Larmessin. Très-belle ép.

1514 — Thétis plonge Achille dans le Stix. Télémaque dans l'île de Calypso. 2 Pièces. Gravées par E. Jeaurat. Très-belles ép.

1515 — **Watteau** (Antoine). Son portrait, à mi-corps dans son atelier, par B. Lépicier; chez Odieuvre. Belle ép.

1516 — Son portrait, à mi-corps, par F. Boucher. Au Bas, dans une tablette, 4 vers. *Watteau, par la nature, orné d'heureux talents*, etc. Très-belle ép,

1517 — Son portrait, en buste de trois quarts, par L. Crépy fils. Très-belle ép. du 1er état, chez Gersaint. *La plus belle des fleurs ne dure qu'un matin*, par J. M. Liotard; chez Thomassion. 2 pièces tirées sur la même feuille.

1510 — M. de Julienne jouant du violoncelle près de Watteau, par Tardieu. Très-belle ép.

1519 — J. B. Lebel, par J. Moy.eau. Très-belle ép.

1520 — Antoine de la Roque, par Lépicié. Très-belle ép.

1521 **Watteau** (Antoine). Retour de Chasse; c'est le portrait de Mme de Vermenton, nièce de M. de Julienne, par B. Audran. Très-belle ép. avant privilège du roy.

1533 — La même pièce. Très-belle ép. avec privilège du roy.

1523 — Figures de modes, dessinées et gravées à l'eau forte, par Watteau; état non décrit, par M. R. Dumesnil, il serait intermédiaire entre le 3ᵉ et le 4ᵉ état, étant avant C. P. R. à la suite de l'adresse de Hecquet.

1524 — La troupe Italienne, eau-forte, par le maître. Superbe ép. avec l'adresse de Sérois. Rare.

1525 — La tronpe Italienne, par Boucher. Superbe ép.

1526 — La Sculpture. La Peinture, représentées par des singes, par Desplaces. 2 pièces. Très-belles ép. tirées sur la même feuille.

1527 — Le Chat malade, par J. E. Liotard. Superbe ép. Très-rare,

1523 — Le Naufrage, allégorie ou M. de Jullienne sauve Watteau à son retour de France, par le comte de Caylus. Très-belle ép.

1529 — *Qu'ay-je fait, assassins maudits*, etc., par Joullain. Très-belle ép. avant les armes, et le numéro; chez Gersaint et chez Suruge.

1530 — La même pièce, avec les armes et le numéro. Chez Gersaint et chez Suruge, effacé.

1531 — Départ pour les Isles, par Dupin, Très-belle ép.

1532 — La danse Champestre, par Dupin. Très-belle ép.

1533 — Louis XIV mettant le cordon bleu à M. de Bourgogne, par N. de Larmessin. Très-belle ép.

1534 — Détachement faisant halte, par C. Cochin. Très-belle ép.

1535 — Les Fatigues de la guerre, par G. Scotin. Très-belle ép.

1536 **Watteau** (Antoine). Les Délassements de la guerre, par Crépy fils ; Très-belle ép.

1538 — Recrue allant joindre le régiment, par Thomassin. Très-belle ép.

1538 Escorte d'Equipages, par Cars. Très-belle ép.

1539 — Camp volant, par N. Cochin ; Superbe ép. avant du Cabinet de M. Gersaint.

1540 — La même pièce. Très-belle ép. avec du cabinet de M. Gersaint.

1541 — Retour de campagne, par N. Cochin. Très-belle ép.

1542 — Alte, par J. Moyreau. Très-belle ép.

1543 — Défilé, par Moyreau. Très-belle ép.

1544 — Le Sommeil dangereux, par Liotard. Très-belle ép.

1545 — Pomone, par Boucher. Superbe ép.

1546 — Le Printemps, par Desplace. Superbe ép. avant toutes lettres.

1547 — L'Automne, par Faissar. Superbe ép. avant toutes lettres.

1548 — Les Quatre saisons. Le Printemps, par Desplaces. L'Esté, par J. Renard du Bos. L'Automne, par Faissar. L'Hiver, par J. Audran. 4 pièces. Très-belle ép.

1549 — L'Amour désarmé, par B. Audran. Très-belle ép.

1550 — Les Amusements de Cythère, par L. Surugue. Superbe ép. avant la lettre.

1551 — La même pièce ; chez la veuve Chereau et Surugue. Très-belle ép.

1552 — La même pièce, avec l'adresse de la veuve Chéreau seule. Très-belle ép.

1552 — Les Enfants de Bacchus, par Fessard. Les Enfants de Silène, par Dupin. 2 pièces. Très-belles ép.

1554 L'Amour mal accompagné, par Dupin. Très-belle ép.

1555 — Fêtes au dieu Pan, par M. Aubert. Très-belle ép.

1556 **Watteau** (Antoine). Le Triomphe de Cérès, par Crépy. Très-belle ép.

1557 — L'Enlèvement d'Europe, par P. Aveline, Très-belle ép.

1558 — La Toilette. Une Chambrière apportant à sa maîtresse un vase avec une éponge; par P. Mercier, pièce superbe et très-rare.

1559 — La Naissance de Vénus, par P. Mercier. Superbe ép.

1569 — Diane au bain, par Aveline. Très-belle ép.

1561 — Le Bain rustique, par Ant. Cardon. Très-belle ép.

1562 — La Ruine, par Baquoy. Très-belle ép.

1563 — L'Abreuvoir, par L. Jacob. Très-belle ép.

1564 — Le Marais; par L. Jacob. Très-belle ép.

1565 — Chasse aux Oiseaux, par le comte de Caylus. Superbe ép.

1566 — Vue de Vincennes, par Boucher. Très-belle ép.

1567 — Retour de Guinguette, par P. Chedel. Très-belle ép.

1568 — Les Quatre saisons, en travers; du cabinet de M. de Julienne. Le Printemps, par Brillon. L'Été, par Moireau. L'Automne, par J. Audran. L'Hiver, par N. de Larmesin. Suite de 4 pièces. Très-belles ép.

1569 — La Chute d'eau, par J. Moireau. Très-belle ép.

1570 — La Troupe Italienne. *Sous un habit de Mèzetin, etc.*, par Thomassin fils. 2 pièces. Très-belle ép. tirées sur la même feuille. Chez F. Chereau.

1571 — Le Docteur, par B. Audran. La Villageoise, par Aveline. 2 pièces. Très-belle ép. tirées sur la même feuille.

1572 — L'Alliance de la Musique et de la Comédie, p J. Moyreau. Très-belle ép.

1573 — Le petit Poinçoin, par G. Scotin; petite pièce très-rare avant la lettre, au milieu en bas, à la pointe : avec privilège du roy.

11 — 1574 **Watteau** (Antoine). La même épreuve, avec la lettre, rare. Belle ép.

10 — 1575 — Spectacle François, par Dupin. Très-belle ép., rare.

8 — 1576 — *Pour garder l'honneur d'une belle, etc. Belles, n'écoutez rien, etc.* 2 pièces. Très-belles ép. gravées par Cochin.

25 — 1477 — Départ des Comédiens italiens en 1697, par L. Jacob. Très-belle ép.

26 — 1578 — Comédiens français, par J. M. Liotard. Très-belle ép.

23 — 1579 — Comédiens italiens, par Boron. Très-belle ép.

21 — 1580 — L'Amour au théâtre françois, par C. N. Cochin. Belle ép.

25 — 1581 — L'Amour au théâtre italien, par C. N. Cochin. Belle ép.

35 — 1582 — La Troupe italienne en vacances, composition de 15 personnages occupés à regarder à droite, un chien qui effraye deux canards, dessiné gravé par P. Mercier. Très-belle ép.

12 — 1583 — Les Amusements italiens, par N. Ransonnette. Belle ép.

17 — 1584 — Figures Françoises et Comiques, nouvellement inventées par Watteau. Suite de 12 pièces et le titre. 1er état, chez Hecquet.

4.fo — 1585 — Livre de différents caractères de Têtes, inventez par M. Watteaux, et gravez d'après ses desseins, par Fillœul. Suite de 27 pièces et le titre. Les numéros 2, 8, 23, manquent.

21 — 1586 — La Sultane. Mèzetin. 2 pièces, par B. Audran. Très-belles ép. tirées sur la même feuille.

✝ *21* — 1587 — L'Amante inquiète. La Rêveuse, par Aveline, 2 pièces. Très-belle ép. tirées sur la même feuille.

3.fo — 1588 — Le Pénitent, par Filleul. La Polonaise, par Aubert. 2 pièces. Très-belles ép. ép. tirées sur la même feuille.

✝ *28* — 1589 — La Finette, par B. Audran. L'Indifférent, gravé par G. Scotin. 2 pièces. Très-belles ép. tirées sur la même feuille.

13 - 1590 **Watteau** (Antoine). Le teste à teste. Le Rendez-vous, par Audran ; 2 pièces. Très-belles ép. tirées sur la même feuille.

11 . fo 1591 — Le Conteur de fleurette. Contre-partie du teste à teste, par Crespy le fils. Très-belle ép.

1592 — Le Galant jardinier, par J. de Favannes. Partie de chasse, chez Dupin. Le Qu'en dira-t-on, par Crépy fils. *Par la tendresse et par les soins,* etc. 4 p. Belles ép.

10 - 1573 — Le Conteur, par C. N. Cochin. Superbe ép. avant le titre et avant plusieurs travaux ; au bas 8 vers : *Au faible effort que fait Iris,* etc.

10 . 1597 — La même pièce, avec le titre, les vers supprimés. Très-belle ép.

16 - 1595 — Le Conteur, par P. Mercier. Très-belle ép.

8 . fo 1596 — L'Automne, chez Dupin, au bas 12 vers : *Dans ce beau jardin,* etc. Silvie chez Dupin, au bas 4 vers : *En vain nous prêche-t-on de mépriser Silvie,* etc. 2 pièces. Très-belle ép.

21 . 1597 — La Diseuse d'aventure, par Cars. Très-belle ép,

31 . 1598 — Le Lorgneur, par G. Scotin. Très-belle ép. avant toutes lettres.

13 - 1599 — La même pièce avec la lettre. Très-belle ép.

9 . fo 1600 — Harlequin jaloux, par Chedel. Très-belle ep.

18 - 1601 — *Voulez-vous triompher des Belles,* par Thomassin. Très-belle ép. Chez Thomassin.

21 . 1602 — L'Accord parfait, par Baron. Superbe ép. avant *Juv. Sat. 2,* qui se trouve dans les épreuves postérieures à la suite du mot : *concordia.*

18 . 1603 — La même pièce. Très-belle épreuve avec *Juv. Sat. 2.*

8 1604 — La Surprise, par B. Audran. Très-belle ép.

20 1605 — La Famille, par P. Aveline. Très-belle ép. avant toutes lettres.

1606 **Watteau** (Antoine). La même pièce, avec la lettre :
avec privilége du roy. Très-belle ép.

1607 — Le Repas de Campagne, par Deplace. Très-belle
ép. Chez la veuve Chéreau et chez Surugue.

1608 — La même pièce. Très-belle ép. Chez la veuve
Chéreau seule.

1609 — La Sérénade italienne, par G. Scotin. Très-belle
ép.

1610 — Le Concert champêtre, par B. Audran. Très-belle
ép.

1611 — La Danse paysanne, par B. Audran. Très-belle ép.
avant toutes lettres.

1612 — La même pièce avec la lettre. Chez F. Chéreau.
Très-belle ép. Grandes marges.

1613 — La Cascade, par G. Scotin. Très-belle ép.

1614 — La Collation, par Moyreau. Très-belle ép.

1615 — La Collation. La Cascade, par P. Mercier. 2 pièces
Très-belles ép.

1616 — Fêtes vénitiennes, par L. Cars. Magnifique ép.
avant toutes lettres.

1617 — La même pièce avec la lettre et avant l'adresse de
la veuve de F. Chéreau. Très-belle ép.

1618 — La même pièce; avec l'adresse de la veuve de Fr.
Chéreau.

1619 — Les Agréments de l'Été, par Joulin. Superbe ép.
avant la lettre.

1620 — La même pièce avec la lettre, avec privilége du
roy.

1621 — *Du Bel Age où les Jeux remplissent vos Désirs*, etc.,
par J. Moyreau. Très-belle ép. Chez Gersaint.

1622 — *Pour nous prouver que cette belle*, etc., par L. Surugue. Superbe ép. Chez Sirois.

1623 — *Arlequin, Pierrot et Scapin*, etc., par L. Surugue.
Superbe ép. Chez Sirois.

1624 — *Pour nous prouver que cette belle*, etc. *Arlequin,*

Pierrot et Scapin, etc. 2 pièces. Très-belles ép. tirées
sur la même feuille. Chez F. Chéreau.

1625 **Watteau** (Antoine). Le Rendez-vous champêtre,
petite pastorale en travers, gravée par J.-M. Liotard.
Très-belle ép. Très-rare.

1626 — Les Entretiens badins, par B. Audran. Très-belle
ép.

1627 — L'Enchanteur, l'Aventurière, par B. Audran.
2 pièces. Superbes ép. tirées sur la même feuille.

1628 — Bon Voyage, par B. Audran. *Coquettes qui pour
voir galants au rendez-vous,* etc., par Thomassin fils.
2 pièces. Belles ép. tirées sur la même feuille.

1629 — *Iris, c'est de bonne heure avoir l'air à la danse,* etc.,
Très-belle ép. Chez Sirois.

1630 — *Heureux Age, Age d'or où sans inquiétude,* etc.,
par Tardieu. Très-belle ép. Chez Sirois.

1631 — Les Amusements champêtres. 2 pièces différentes
en pendant, sans nom de peintre ni de graveur.
Chez le sieur Godenesche. Colation champestre, par
Crépy fils. En tout 3 pièces. Belles ép.

1632 — Les Agréments de l'Été, par Jacques de Favanes.
Superbe ép.

1633 — L'Amant repoussé, composition de huit figures,
dessiné et gravé par P. Mercier. Très-belle ép.

1634 — L'Amour paisible, par J. de Favanne. Superbe
ép.

1635 — L'Emploi du Bel Age, par Aveline. Belle ép.

1636 — L'Heureux Loisir, par B. Audran. Très-belle ép.

1637 — Le Bal champêtre, par Couché. Ép. de la galerie
du Palais-Royal. Superbe ép. avant la lettre.

1638 — La Gamme d'Amour, par J.-P. Le Bas. Superbe ép.

1639 — Les Deux Cousines, par Baron. Superbe ép. avant
toutes lettres.

1640 — La même pièce avec la lettre. Très-belle ép.

1641 — L'Indiscret, par Aubert. Superbe ép.

1642 **Watteau** (Antoine). Le Passe-Temps, par B. Audran. Très-belle ep.

1643 — L'Amour paisible, par Baron. Superbe ép. avant toutes lettres.

1644 — Le Bosquet de Bacchus, par C.-N. Cochin. Très-belle ép.

1645 — Les Champs-Élysées, par N. Tardieu. Superbe ép.

1646 — La Perspective, par Crepy. Très-belle ép.

1647 — La Conversation, par Liotard. Très-belle ép.

1648 — Le Colin-Maillard, par E. Brion. Très-belle ép.

1649 — Le Plaisir pastoral, par N. Tardieu. Superbe ép. avant toutes lettres.

1650 — La même pièce, avec : les Plaisirs pastoral. Très-belle ép.

1651 — La même pièce, la faute corrigée. Très-belle ép.

1652 — Pierrot content, par E. Jeaurat. Très-belle ép.

1653 — Les Jaloux, par G. Scotin. Très-belle ép.

1654 — L'Occupation selon l'Age, par Dupuis. Superbe ép.

1655 — La Contredanse, par Brion. Superbe ép.

1656 — La Proposition embarrassante, par N. Tardieu. Très-belle ép.

1657 — La Partie carrée, par J. Moyreau. Magnifique ép. avant toutes lettres.

1658 — La même pièce avec la lettre. Très-belle ép.

1659 — Les Amusements champêtres, par B. Audran. Superbe ép. avant : Du cabinet de M. Dejullienne.

1660 — La même pièce. Très-belle ép. avec : Du cabinet de M. Dejullienne.

1661 — Récréation italienne, par Aveline. Très-belle ép.

1662 — Les Charmes de la Vie, par Aveline. Très-belle ép.

1663 — L'Ile de Cythère, par Larmessin. Chez la veuve Chéreau et chez Surugue. Très-belle ép.

1664 — The island of Cytherea, par V.-M. Picot. Très-belle ép. Lettre grise. Publié à Londres.

1665 **Watteau** (Antoine). La même pièce avec la lettre. En bistre. Très-belle ép., tirée du cabinet de R. Dimsdale.

1666 — Leçon d'amour, par Car. Dupuis. Superbe ép. avant l'adresse de la veuve Chéreau.

1667 — La même pièce. Très-belle ép. avec l'adresse de la veuve Chéreau.

1668 — Leçon d'amour, dessinée et gravée par P. Mercier. Très-belle ép.

1669 — Entretiens amoureux, par Liotard. Très-belle ép.

1670 — L'Ile enchantée, par J.-P. Lebas. Superbe ép.

1671 — La Musette, par Moyreau. Très-belle ép.

1672 — Rendez-vous de chasse, par Aubert. Superbe ép. avant toutes lettres.

1673 — La même pièce avec la lettre. Très-belle ép.

1674 — L'Assemblée galante, par Lebas. Magnifique ép. avant toutes lettres.

1675 — La même pièce avec la lettre. Superbe ép.

1676 — Promenade sur les Remparts, par Aubert. Très-belle ép.

1677 — Le Bal champestre. A Paris, chez les sieurs Vanheck. Très-belle ép. Très-rare.

1678 — Les Plaisirs du Bal, par Scotin. Très-belle ép.

1679 — L'Embarquement pour Cythère, par Tardieu. Magnifique ép.

1680 — L'Accordée de Village, par N. de Larmessin. Superbe ép.

1681 — La Signature du Contrat, par Ant. Cardon. Superbe ép.

1682 — La Mariée de Village, par C.-N. Cochin. Superbe ép.

1683 — L'Enseigne, par P. Aveline. Très-belle ép.

1684 — Petites réductions, par divers. 14 pièces.

1685 **Watteau** (attribué à). Figure de Femme, assise, tenant un cahier de musique. Pièce sans nom de peintre ni de graveur.

10 — 1686 **Watteau** (Attribué à). Dessus de Clavecin, par le comte de Caylus.

10 — 1687 — L'heureuse Rencontre, l'Amusement, par Huquier. 2 pièces. Très-belles ép.

16 · 50 1688 — Les Jardins de Cythère, les Jardins de Bacchus, par Huquier. 2 pièces. Très-belles ép.

9 · 50 1689 — Le Temple de Neptune, le Temple de Diane, par Huquier. 2 pièces. Très-belles ép.

30 — 1690 — Les quatre Saisons, par Huquier. 4 pièces. Ép. sup.

18 1691 — Le Duo champêtre, le Présent champêtre, par Huquier. 2 pièces. Très-belles ép.

15 · 1692 — Le Marchand d'Orviétan, la Favorite de Flore, par J. Moyreau. 2 pièces. Belles ép.

15 · 50 1693 — Le Berger content, l'Heureux moment, par Crépy fils. 2 pièces. Très-belles ép.

8 · 50 1694 — Divinité chinoise, Empereur chinois, par Huquier. 2 pièces. Belles ép.

6 · 50 1695 — Le Rendez-vous, par Huquier. Très-belle ép.

8 · 50 1696 — Vénus blessée par l'Amour, par le comte de Caylus. Très-belle ép.

10 — 1697 — Arabesques en hauteur, par Guyot. Imprimées en bistre. 3 pièces.

6 · 50 1698 — Berger surpris par la Tempête, Naissance de Vénus, par Huquier. 2 pièces. Belles ép.

20 · 1699 — Les quatre Saisons, par Huquier. 4 p. Belles ép.

14 1700 — Riche composition : Danse autour d'un Mai ; en haut, au milieu, une cage d'oiseau. Sans nom. Très-belle ép.

8 1701 — Les Oiseleurs. Le Repos des Pellerins. 2 pièces. Très-belles ép., gravées par Huquier sur la même feuille.

10 1702 — L'Innocent Badinage, les Plaisirs de la Jeunesse, par Huquier. 2 pièces sur la même feuille. Très-belles ép.

10·fo 1703 **Watteau** (Attribué à). Le Berger empressé, le Jardinier fidèle, par Huquier. 2 pièces sur la même feuille. Très-belles ép.

10 - 1704 — Le Bouffon, la Chasseuse, par Huquier. 2 pièces sur la même feuille. Très-belles ép.

16 - 1705 — Apollon, Diane, par Huquier. 2 pièces sur la même feuille. Très-belles ép.

34 1706 — Les Quatre Éléments, par Huquier. 4 pièces. Très-belles ép.

30 1707 — La Vue, l'Alliance, l'Ouïe, l'Odorat, le Toucher, le Goût. Écrans par Huquier. 6 pièces, tirées à deux sur la feuille.

14 1708 — Le Galant, par B. Audran. Très-belle ép.

8 - 1709 — Vénus et l'Amour, par le comte de Caylus. Les Canards, par Jeaurat. 2 pièces sur la même feuille. Belles ép.

29 · 1710 — Le Théâtre, le Berceau, par Huquier. 2 pièces. Superbes ép.

8·fo 1711 — La Pèlerine altérée, par Huquier. Très-belle ép.

9 · 1712 — La Déesse, par Huquier. Très-belle ép.

✝ 16 - 1713 — Le Dénicheur de Moineaux, par Boucher. Superbe ép.

10·fo 1714 — La Coquette, par Boucher. Superbe ép.

30 1715 — Les Enfants de Momus, la Cause badine, par Moyreau. 2 pièces. Ép. très-belles.

fo - 1716 — Paravent de 6 feuilles, par Crespy fils. Très-belles ép. tirées à deux sur la feuille.

10 · 1717 — Les Singes de Mars, par Moyreau. Superbe ép.

6·fo 1718 — La Grotte, par Huquier. Belle ép.

13 -fo 1719 — Colombine et Arlequin, par Moyreau. Très-belle ép.

13 fo 1720 — La Voltigeuse, par Huquier. Très-belle ép.

61 - 1721 — Les quatre Saisons, par F. Boucher. 4 pièces. Très-belles ép.!

65. 1722 **Watteau** (Attribué à): Les 4 grands panneaux, chez Gersaint et chez Surugue :

1. Feste bachique, par Moyreau.
2. La Balanceuse, par Lebas.
3. Partie de chasse, par G. Scotin.
4. Le May, par P. Aveline.
4 pièces numérotées. Très-belles ép.

18. 1723 — L'Enjoleur, le Vendangeur, Bacchus, le Frileux ; suite de 4 pièces, gravées par Moyreau et Aveline.

33. 1724 — Momus, le Buveur, la Folie, le Faune. 4 pièces faisant suite, gravées par Moyreau et Aveline.

9. 1725 — L'Escarpolette, la Danse champêtre. Appo Wagner Ven. C. P. E. S. Arabesques, en hauteur. 2 pièces.

19. 1726 — L'Escarpolette, par Crépy fils. Très-belle ép.

2.50 2727 **Wiénix** (J.). La Partie de plaisir, par N. Delaunay. Très-belle ép.

2. 1728 **Wille**. Le Tambour des Gardes. Très-belle ép. avant la lettre.

3.50 1729 **Wille** fils. L'Écrivain public, par Guttemberg. Très-belle ép. avant la lettre.

18. 1730 — Joueuse de Cistre, par Muller. Très-belle ép.
1731 — La Mère contente. La Mère mécontente. 2 pièces faisant pendant, gravées gar Ingouf.

5. 1732 — Les Vieux Amateurs, par de Claussin. Ép. avant la lettre.
— La même avec la lettre.

3.50 1733 — Goûté champêtre. Concert champêtre. 2 pièces, gravées par Halm.

7.50 1734 — Tom Jones, par Ingouf. Très-belle ép.

17. 1735 — Amusement du jeune âge, par Chevillet. Très-belle ép. avant la lettre.
— La même avec la lettre.

21 1736 — Le Bouton de rose. La Curieuse. 2 pièces faisant pendant, gravées par Voyez l'aîné.

2. 1737 — Le petit Marchand d'Oranges, par Chevillet.

1738 **Wille** fils. Les Conseils maternels, par Lempereur. Très-belle ép. avant la lettre. La marge du bas déchirée et les armes endommagées.

1739 — La même pièce avec la lettre.

1740 — Les Délices maternels, par J.-G. Wille père. Très-belle ép.

1741 — L'Essai du Corset, par Dennel. Très-belle ép. avant toutes lettres.

1742 — La Mère indulgente, par Lempereur. Très-belle ép.

1743 — Le Temps perdu, par Halbou. Belle ép.

1744 — La Nouvelle affligeante, par Cathelin.

1745 — Dédicace d'un poëme épique. Superbe ép. avant la lettre, gravée par A.-F. Dennel.

1746 — La même pièce avec la lettre. Très-belle ép.

PORTRAITS

CLASSÉS PAR ORDRE ALPHABÉTIQUE DE NOMS DE PERSONNAGES

1747 **Acteurs et Actrices**. Gravures et lithographies, par divers. 27 pièces.

1748 **Actrices**, par divers. 26 pièces.

1759 **Allegrain**, par Klauber, d'ap. Duplessis. In-f°, avant la dédicace.

1750 **Anguier** (Michel), par Laurent Cars, d'ap. G. Revel. In-f°.

1751 **Antoinette d'Orléans**, par Duflos, d'ap. Pezey. In-4.

1752 **Arnaud** (François), par Valperga, d'ap. Duplessis.

1753 **Artois** (le comte d') et sa sœur sur une chèvre, par Beauvarlet, d'ap. Drouais. In-f°.

1754 **Bailly**, Maire de Paris, par Quenedey. En couleur.

1755 **Balechou** (J.-J.), célèbre graveur, par Cathelin, d'ap. Arnavon. Grand in-4.

1756 **Baptiste** aîné, par Alix. En couleur.

1757 **Baron**, par Daullé, d'ap. Detroy. In-f°.

1758 **Basan**, par Choffard. In-32.

1759 **Bayle**, **Buffon**, par Savart. 2 pièces.

1760 **Beauharnais** (Alexandre), par divers. 4 pièces.

1761 **Berlioz** (Miss Smitson, Mme), d'ap. Dubufe. Avant et avec la lettre. Ginevra Donati, par John Porter. 3 pièces in-f°.

1762 **Bernis** (Franç.-Joach. card. de), par Cunégo, d'ap. A. Callet. Petit in-f°.

1763 **Bernoulli** (Jean), par Schmidt, d'ap. Ruber. In-4.

1764 **Bertin** (Jean-Baptiste), par Gaillard, d'ap. Roslin. In-f°.

1765 **Bertin** (Nicolas), par B. Lépicié, d'ap. Delien. In-f°.

1766 **Bertin** (Pierre), par G. Edelinck, d'ap. Coypel le fils. In-f°.

1767 **Bertinazzi** (Carlo), en Arlequin demi-nature, par Bertrand, d'ap. Latour. In-f°.

1768 **Bisenval** (le baron de), en pied, par Carmontelle. A l'eau-forte. In-4.

1769 **Boileau, Montesquieu, Franklin**, etc., par Alix et Janinet. En couleur. 9 pièces.

1770 **Boissière** (Marie de la Fontaine-Solare dé), par Petit, d'ap. Delatour. Petit in-f°.

1771 **Bonaparte**, par divers. 5 pièces.

1772 **Bossuet**, par Savart. Belle ép. Barrière Fontarabie.

1773 **Bossuet**, par Edelinck, d'ap. Rigaud. In-4.

1774 **Bossuet**, par Alix, d'ap. Rigaud. Ovale en couleur.

1775 **Bouchardon** (Edme), par Beauvarlet, d'ap. Drouais. In-f°, avant toutes lettres.

1776 **Boucher** (François), par Salvador Carmona, d'ap. Roslin, Suédois. In-f°.

1777 **Boulanger** (Mme), par Bertonnier et Audouin, d'ap. Rouget. Avant et avec la lettre. 2 pièces. In-4.

1778 **Boullongne** (Bon de), peint par lui-même et gravé par Nic. Tardieu. In-f°.

1779 **Boullongne** (Louis de), par Lépicié, d'ap. H. Rigaud. Grand in-f°.

1780 **Boullongne** (Louis de), peint par lui-même et gravé par Chéreau. In-f°.

1781 **Bourbon** (Louis-François de), prince de Conti, par Romanet, d'ap. Letellier. Grand in-4.

1782 **Bourbon** (Louis-Henri de), prince de Condé, par P. Drevet, d'ap. Gober. In-f°.

1783 **Bourdon** (Sebastien), par Laurent Cars, d'ap. Rigaud.

1784 **Bourgogne** (Louis de France, duc de), par Saint-Aubin. Avant et avec la lettre. In-4. 2 pièces.

1785 **Brizard** (Jean-Baptiste), en pied, d'ap. Carmontelle. Petit in-f°.

1786 — Le même personnage, par Avril, d'ap. Mme Guirard. In-f°.

1787 **Brunenc** (Jean de), par Vermeulen, d'ap. H. Rigaud. Petit in-f°.

1788 **Buffon,** par Chevillet, d'ap. Drouais. In-4.

1789 **Buffon,** par Hubert. Petit in-f°, avant la lettre.

1790 **Buffon,** par Vangelisti, d'ap. A. Pujos. Petit in-f°.

1791 **Caillères-L'Estang , Necker, Nollet,** par divers. 3 pièces in-8.

1792 **Canova** (Ant. de), par Michel Benedetti, d'ap. le chevalier de Lampi. In-f°.

1793 **Cardele,** par Roger, d'ap. Guérin. In-8.

1794 **Caroline,** princesse de Galles, à la manière noire. Gouaché. Petit in-f°.

1795 **Catalani** (Angelica), par Dien, d'ap. Singry. Avant et avec la lettre. In-4.
— Le même personnage, par Cardon, d'ap. Huet-Villiers. In-8. 3 pièces.

1796 **Catinat** (Nicolas de), par Vermeulen. In-f°.

1797 **Catinat, Richelieu,** par Savart. 2 pièces.

1798 **Cazes** (Pierre-Jacques), par J.-P. Lebas, d'ap. Aved. In-f°.

1799 **Chabanes** (Jacques de), par Wille. In-8.

1800 **Chapelain** (Jean), par Nanteuil. Troisième état. R. D. 60. Petit in-f°.

1801 **Chapelier,** député. Chez Lecœur. In-32.

1802 **Charles** (Edouard), fils aîné de Jacques Stuart, par Daullé. In-4.

1803 **Charles** (Philippe), comte d'Artois, par Lebeau, d'ap. Vanloo. In-8°.

1804 — Le même, par Dupin, d'ap. Hall. Grand in-8°.

1805 **Charles** (Philippe), comte d'Artois, par Cathelin, d'ap. Frédon. In-4.

1806 — Le même, par Dupin, d'ap. Desrais. In-4.

1807 **Charlotte-Corday**, par Alix. En couleur.

1808 **Chenard**. Par Mme Lingée, d'ap. Cochin. Autres par divers. 3 pièces.

1809 **Chodowiecki**. Par Geyser, d'ap. Zingg. In-8.

1810 **Choiseul** (Etienne-François de). Par Sth. Fessard, d'ap. L.-M. Vanloo. In-fol.

1811 **Christina Renata** (de Plopshelm). Par Chereau. Petit in-fol.

1812 **Christine**, reine de Suède, par Nanteuil, d'ap. Bourdon. In-4. 3me état. R. D. 67.

1813 — Le même, par Alex. Tardieu, d'ap. Séb. Bourdon. In-4, avant la légende.

1814 **Christophe** (Joseph), par Louis Surugue, d'ap. Drouais. In-fol.

1815 **Clairon** (Hippolyte) de Latude. Par G. Benoist. In-8.

1816 **Clairon** (Hippolyte). Par Littret, d'ap. Scheneau. Petit in-fol.

1817 **Clairval**. Par Devaux, d'ap. Simonet. Petit in-fol, rare.

1818 **Clugny** (Bernard de). Par Romanet, d'ap. Letellier. In-4.

1819 **Colardeau** (Charles-Pierre). Par C. V. D., d'ap. Voiriot. In-8°.

1820 **Colbert**, par Savart. Très-belle ép. Barrière Fontarabie.

1821 **Colbert** (Jean-Baptiste). Par Dossier, d'ap. H. Rigaud. In-fol.

1822 **Colbert** (Jean-Baptiste). Par Nanteuil, d'ap. Champaigne. 2me état. R. D. 72, petit in-fol.

1823 **Colombe** l'aînée (Mlle). Par Patas. Petit in-fol.

1824 **Condé** (Prince de). Pierre de Bernis, par Savart. 2 pièces.

1825 **Cotte** (Robert de) Par Drevet, d'ap. H. Rigaud. In-fol.

1826 **Cottellini** (Céleste). Par Denon, avant la lettre. Grand in-8.

1827 **Couston** (Guillaume).Par N. de Larmessin, d'ap. J. Delien. In-fol.

1828 **Coustou** (Nicolas). Par Charles Dupuis, d'ap. Legros. In-fol.

1829 **Couvay** (Pierre). Par P. Drevet, d'ap. Tournière. In-fol.

1830 **Couvreur** (Adrienne Le). Par Drevet, d'ap. Coypel. In-fol.

1831 **Coypel** (Antoine). Peint par lui-même et gravé par J.-B. Massé. In-fol.

1832 **Coypel** (Antoine) et son fils. Peint par lui-même et gravé par Duchange. In-fol.

1833 **Coypel** (Ant.). Peint par lui-même et gravé par N. Tardieu. In-4, avant la lettre.

1834 **Coyzevox** (Antoine). Par Jean Audran, d'ap. H. Rigaud. In-fol.

1835 **Crébillon** (Jolyot de).Par Balechou, d'ap. Aved. In-4.

1836 **Crébillon** fils. Par S. A., d'ap. Gastinel. In-8.

1837 **Crébillon, Descartes, De La Mothe-Levayer, Vadé**, par Ficquet. 4 pièces.

1838 **Crétu** (Mme). Dans un ovale équarri. Petit in-4, rogné au trait carré.

1839 **Crispin**. Par G. Edelinck, d'ap. Netscher. In-fol.

1840 **D'Alembert**. Par Henriquez, d'ap. jollain. Petit in-fol.

1841 **Dangeville** (Marie-Anne Bottot). Par Michel, d'ap. Pougin de Saint-Aubin. Petit in-fol.

1842 **Dauphin** (Monseigneur le), fils de Louis XV. Par Daullé, avant la lettre. In-4.

1843 **D'Eon de Beaumont** (La chevalière). Par Francis Haward, d'ap. Angelica Kauffmann. In-4.

1844 — Le même personnage, par Bradel. Petit in-fol.

1845 **Delafosse** (Charles). Par Duchange, d'ap. H. Rigaud. In-fol.

1846 **De Lassigny de Juigné**. Par Quenedey, au Physionotrace.

1847 **Delatour** (Maurice). Par Petit. In-8°.

1848 **Delatour** (Maurice Quentin). Peint par lui-même et gravé par G.-F. Schmidt. In-fol.

1849 **Delaunay** (Nicolas). Par F. Chereau, d'ap. H. Rigaud. Grand in-fol.

1850 **Delille**. Par Vangelisty, d'ap. A. Pujos. Petit in-fol.

1851 **Denise**, fille de Camuzat, par A. Trouvain. Grand in-4.

1852 **Denon**. Par lui-même, d'ap. Isabey. In-4, avant la lettre.

1853 **Desessarts** (Denis Dechanet). Par Thomas, d'ap. Ingouf. Avant la lettre, petit in-fol.

1854 — Le même, avec la lettre.

1855 **Deshoulières** (Mme). Par Savart. Belle ép.

1856 **Desjardins**, sculpteur. Ep. avant la lettre, non terminée. In-fol.

1857 **Desmares** (Charlotte). Par Lépicié, d'ap. C.-C. In-fol.

1858 **Desportes** (François). Peint par lui-même et gravé par Joullain. In-fol.

1859 **D'Estrées** (Gabrielle). Par Janinet, d'ap. Porbus. En couleur. Grand in-4. Ovale.

1860 **Detroy** (Jean). Par Simon Vallée, d'ap. François Detroy. In-fol.

1861 — Le même personnage, par N. Delaunay, d'ap. Aved. In-fol.

1862 **Detroy** (François). Peint par lui-même et gravé par J.-B. Poilly. In-fol.

1863 **Detroy** (Jean-Francois). Par Delaunay, d'ap. Aved. In-fol. Avant la lettre.

1864 **D'Hozier** (Pierre). Par L. Cars. In-fol.

1865 **D'Hozier** (Charles). Par Edelinck, d'ap. H. Rigaud. In-fol.

1866 **Diderot**. Par Henriquez, d'ap. L.-M. Vanloo. Petit in-fol.

1867 **Dietricy** (C.-G.-E.). Peint par lui-même et gravé par J. Schmuser. Petit in-fol.

1868 **D'Oligny**. Par Huber, d'ap. Vanloo. Petit in-fol.

1869 **Dosainville**. Par Darcis, d'ap. C^{le} Vernet. Petit in-fol.

1870 **Dow** (Gérard). Peint par lui-même et gravé par Ingouf. Avant la lettre. In-fol.

1871 **Drouin** (Mlle Angélique), femme Préville. Par Michel, d'ap. Colson. Petit in-fol.

1872 **Dubarry** (Mme). Par Bovinet. In-12.

1873 — Autre, chéz Henaut et Rapilly. In-8°.

1874 **Dubois** (Guillaume Cardinal). Par P. Drevet, d'ap. H. Rigaud. In-fol.

1875 **Du Bois du Bais**. Par Chrétien, au Physionotrace.

1876 **Du Chatelet** (Mme). Par Lempereur, d'ap. Monnet. In-4.

1877 **Du Chatelet** (Mme). Par Langlois, d'ap. Marianne Loir. In-18.

1878 — Autre, par Tardieu le fils, d'ap. Mlle Loir. In-8.

1879 **Duclos** (Mlle). Par Desplaces, d'ap. Largillière. In-fol.

1880 **Dumont le Romain** (Jacques). Par J.-J. Flipart, d'ap. Delatour. In-fol. Collé en plein.

1881 **Duplant** (Rosalie). Par Elluin, d'ap. Leclerc. In-4.

1882 **Dutey** (Mlle). Par Lebeau, d'ap. Lainé. In-8°.

1883 **Duval** (Mme). Avant la lettre, manière de Bonnet. In-4.

1884 **Dyck** (Antoine Van). Par Blot. In-4.

3 - 1885 **Edelinck** (Gérard). Par N. Edelinck, d'ap. Tortebat. In-fol.

40 - 1886 **Eisen** (Charles). Par Ficquet. Très-belle ép , rare à rencontrer.

18 - 1887 **Elisabeth - Philippine - Marie - Hélène** de France. Par Schiavonetti, d'ap. Strochling. In-8°.

1888 — Le même, par Lebeau, d'ap. Fontaine. In-8°.

8. 50 1889 — Le même, par Cathelin, d'ap. Ducreux. In-4.

4 .50 1890 — Le même , d'ap. Mme Guiard. In-4.

1891 **Elleviou**. Par Lecomte, d'ap. H. Huet. In-4.

1 - 1892 — Le même personnage, par Audouin, d'ap. Riesener. In-4.

1893 — Le même personnage, par Bourgeois de la Richardière. In-8°. 3 pièces.

4 - 1894 **Fanier** (Alexandrine). Par Saugrain, d'ap. J.-M. Moreau le jeune. Petit in-fol.

+ 2 .50 1895 **Fauchet** (L'abbé). Avant la lettre. In-4.

8 . 1896 **Favart** (Mme). Rôle de Roxelane, par Pruneau, d'ap Simonet. Avant la lettre, petit in-fol.

4 .50 1897 — Le même, avec la lettre.

1 . 56 1898 **Fénelon** (De La Mothe). Par Aug. de St Aubin, d'ap. Vivien. In-4.

8 - 1899 **Fénelon**. Par Savart. Barrière Fontarabie.

1 . 1900 **Fenouillot**. Par Aug. de St-Aubin, d'ap. Cochin. In-12.

1 . 50 1901 **Fleury** (André-Hercules, cardinal de), par P. Drevet, d'ap. H. Rigaud. In-fol.

2 . 1902 **Flipart** (Jean-Jacques), par Ingouf. Grand in-8.

6 .50 1903 **Florian,** par Gaucher, autre par Clément. 2 pièces.

8 . 1904 **Foix** (Mme de), femme de M. de Sabran, par Chereau, d'ap. Vanloo. Petit in-fol.

13 . 1905 **Fontenelle,** par Savart, ép. avant l'entourage.

23 . 1905 bis. — Le même, avec l'entourage. 2 pièces.

3 .50 1906 **Fontenelle,** par Langlois, d'ap. Voiriot avant la lettre, in-4.

1907 **Fox** (Charles-Jacques), d'ap. Cochin. In-4.

1908 **Fragonard** (Honoré), par Lecarpentier; très-belle ép. avant le nom du graveur.

1910 **Frankelin**, par Chevillet, d'ap. Houdon. In-fol.

1911 **Frédéric II,** roi de Prusse, par Wille, d'ap. Pesne. In-fol.

1912 **Fresnin** (Réné), par P. L. Surugue, d'ap. Delatour. In-fol.

1913 **Friso** (Guillaume-Henri), par Balechou, d'ap. Aved. In-fol.

1914 **Gagliostro**, par Chapuy, d'ap. Delatour. En couleur.

1915 **Galitzin** (Dimitry, prince de), par Tardieu; d'ap. Drouais. Catherine, princesse de Galitzin, par Gaillard, d'ap. Van loo. 2 pièces. In-fol.

1916 **Genlis** (Etiennette, comtesse de), par V. Green, d'ap. Silvestre de Mirys; petit in-fol. en ovale équarri. A la manière noire.

1917 **Geoffrin** (Mme). par Miger. Grand in-8.

1918 **George et Bourgoin** (Mlles), par Vendramini, d'ap. Dubois. In-fol.

1919 **Ghérard** (Evariste), par Edelinck, d'ap. Vivien. In-8.

1920 **Gillot** (Claude), peint par lui-même, et gravé par J. Aubert. In-fol.

1921 **Girardon** (François), par Drevet, d'ap. Vivien. In-fol.

1922 **Girardon** (François), par Duchange, d'ap. H. Rigaud. In-fol.

1923 **Gouttes** (Jean-Louis), curé d'Argelliers, par Desmarteau, d'ap. Lebarbier. In-4.

1924 **Graffigny** (Mme de), par Levêque. In-4.

1925 **Guillain** (Simon), par P. L. Surugue, d'ap. Ant. Coypel. In-fol.

1926 **Guizot,** comte de Aberdeen. Visite de S. M. la Reine

Victoria à S. A. R. Madame la duchesse d'Orléans, par Skelton et Hopwood ; 3 pièces. In-fol.

1·f° 1927 **Hallé** (Claude), par Delarmessin, d'ap. Legros. In-fol.

4·f° 1928 **Henault** (François), par Moitte, d'ap. Saint-Aubin.

1· 1929 **Henriette de Balzac,** par Aubert, d'ap. A. B. In-8.

1·f° 1930 **Henri IV,** par A. de Saint-Aubin, d'ap. Porbus. In-8.

1931 **Henri IV,** par Tardieu, d'ap. Porbus. In-4.

2·f° 1932 **Hortense,** par divers. 3 pièces.

2· 1933 **Houasse** (Réné-Antoine), par Ant. Trouvain, d'ap. Tortebat. In-fol.

1934 **Hubert-Robert,** par Miger, d'ap. Isabey. Petit in-fol. avant la lettre.

4· 1935 **Jeaurat** (Etienne), par Lempereur, d'ap. Roslin. In-fol.

1936 **Jeliote** (Pierre), par Cathelin, d'ap. L. Toqué. In-fol.

2· 1937 **Joly** (Marie-Elisabeth), par Langlois, d'ap. M***. In-4 avant la lettre. Le même avec la lettre.

13· 1938 **Joséphine,** impératrice des Français, par divers. 4 pièces.

8·f° 1939 **Joséphine,** impératrice, la reine Hortense, l'impératrice Eugénie, par Pauquet et autres. 4 pièces.

1940 **Joséphine,** impératrice, par Divers. 7 pièces.

2·f° 1941 **Jouvenet** (Jean), peint par lui-même, et gravé par Ant. Trouvain. In-fol. en largeur.

10· 1942 **Julienne** (Jean de), par J.-J. Baléchou, d'ap. Detroy. In-fol.

3·f° 1943 **Kauffmann** (Angelica), par Bartolozzi, d'ap. Reynolds. Petit in-fol. en ovale. En bistre.

1944 **Kauffmann** (Angelica), par Morace, d'ap. Reynolds. In-fol.

1945 **Laborde** (Jean-Benjamin), par Gaucher, d'ap. Durameau. In-32.

1946 **Lafayette** (Le marquis de), par Quenedey. En couleur.

1947 **Lalande**, par Thomassin, d'ap. Santerre. In-fol.

1948 **Lally-Tolendal**. A Paris, chez Levachez. In-4.

1949 — Autre, par Duplessis-Bertaux, avec texte in-fol. 2 pièces.

1950 **Lambert** (Hélène), par P. Drevet, d'ap. De Largillière. In-fol.

1951 **Lamoignon** (Guillaume Christian de), chancelier. Petit in-fol.

1952 **Lamoignon** (Christian de), par Trouvain. In-12.

1953 **Lany** (Louise-Madeleine), en pied, d'ap. Carmontelle. Petit in-fol.

1954 **Largillière** (Nicolas de), peint par lui-même et gravé par F. Chereau. In-fol.

1955 — Le même personnage, par Charles Dupuis, d'ap. Geulain. In-fol.

1956 **Largillière** (Marguerite Elisabeth de), par J.-G. Wille, d'ap. N. Delargillière. In-fol.

1957 **Laruette** (Jean-Louis), par Elluin, d'ap. Leclerc. In-4.

1958 **Laruette** (Marie-Thérèse), par Elluin, d'ap. Leclerc. In-4.

1959 **La Ravoye** (Mme de), sous les traits de Pomone, par Dossier, d'ap. Rigaud. In-fol.

1960 **Latude** (Henri Masers de), par Vestier. Petit in-fol.

1961 **Lebret** (Mme), sous les traits de Cérès, par Cl. Drevet, d'ap. H. Rigaud. In-fol.

1962 **Lebrun** (Mme Vigée), par le comte de Paroy.

1963 **Lebrun** (Mme Vigée), peint par elle-même et gravé par Denon, in-4. Copie de celle-ci par Cumans. Autre par Geoffroy, in-8. 3 pièces.

1964 **Lecamus** (Nicolas), par N. Tardieu, d'ap. H. Rigaud. Petit in-fol.

1965 **Leclair** (J. Marie), par François, d'ap. A. Loir. Petit in-fol.

1966 **Leclerc** (Sébastien), par Delaunay, d'ap. Nonnotte. Petit in-fol. avant la lettre.

1967 **Leguet d'Esigny** (Mlle), à la manière noire. In-8.

1968 **Lekain** (Henri-Louis), par A. Littret de Montigny. Grand in-4. Le même Personnage, par Michel, d'ap. J. G. Huquier. Petit in-fol.

1969 **Lekain**, par Aug. de Saint-Aubin, d'ap. Lenoir. In-fol.

1970 **Lenoir**, par Chevillet, d'ap. Greuze. In-4.

1971 **Lenoir**, par Chevillet, d'ap. Greuze. Petit in-fol.

1972 **Lenormant** (François-Paul), par Dupuis, d'ap. L. Toqué. In-fol.

1973 **Lesueur** (Eustache). Gravé par C. N. Cochin. In-fol.

1974 **Letellier** (Charles-Maurice), par Edelinck, d'ap. P. Mignard. Petit in-fol.

1975 **Livry** (Nicolas de), par Massard, d'ap. L. Toqué. Petit in-fol.

1976 **Loison** (Mlle), sous les traits de Vénus, par Vallée, d'ap. Detroy. In-fol.

1977 **Longueville** (Henri d'Orléans, duc de), par Nanteuil, d'ap. Champaigne. R. D. 149.

1978 **Lorrain** (Robert le), par Nic. Tardieu, d'ap. Nonnotte. Petit in-fol. Le même Personnage, par J. P. Lebas, d'ap. Drouais. In-fol.

1979 **Louis Victor**, par J. G. Wille, d'ap. J. B. Lemoyne. In-fol.

1980 **Louis-Philippe d'Orléans**. Le duc de Nemours. 2 pièces.

1981 **Louis-Philippe d'Orléans**, duc de Chartres, par Chevillet. Grand in-4. Le même Personnage, par Daullé, d'ap. Belle. In-fol.

1982 **Louis XVI**, par Voyez, d'ap. Boizot. In-8.
1983 — Le même, par Cathelin. In-4.
1984 — Le même, par Hubert. In-8.
1985 — Le même, par Lemire, d'ap. Duplessis. In-8.
1986 — Le même, par Hubert. d'ap. Boizot. In-8,
1987 — Le même, par Sullin, d'ap. Vanloo. In-4.
1988 — Le même, par Marie-Louise-Adélaïde-Boizot, d'ap. L. S. Boizot. In-4.
1989 — Le même, par Mlle Savart. In-18.
1990 — Le même, par Lebeau. In-8.
1991 — Le même en pied, par Dasori. In-4.
1992 **Louis XVI**, Marie-Antoinette et Louis XVII dans un médaillon, sur un Mausolée, par Saint-Aubin, d'ap. Sauvage. In-4.
1993 **Louis VVI**, Marie-Antoinette, par Henriquez, d'ap. Boze, in-fol. 2 pièces.
1994 **Louis XVI** et Marie-Antoinette dans 2 médaillons. En rouge, chez Esnauts et Rapilly. In-8.
1995 **Louis XVI**, Marie-Antoinette, en pied, par Duflos, d'ap. Touzé, à l'eau-forte, avant la lettre. In-4, 2 pièces.
1996 — Marie-Antoinette, avec la lettre.
1997 — Autre, le trait carré gratté, et le titre changé.
1998 **Louis XVI**, Marie-Antoinette, par Brookskaw, à la sanguine, in-4. 2 pièces.
1999 **Louis XVI**, Marie-Antoinette, par Lebeau. d'ap. Nicollet. In-4, 2 pièces.
2000 **Louis XVI** dans un médaillon, entouré de figures allégoriques, sur des nuages. Henri IV couvert d'une armure, le contemple; d'ap. Cochin, avant la lettre, non terminée. In-12.
2001 **Louis Auguste**, Dauphin de France, par Gaucher, d'ap. Gautier. In-8.
2002 **Louis**, Dauphin de France. Marie-Thérèse d'Espagne, par Wille, d'ap. Klein. In-4. 2 pièces.

2003 **Louis**, Dauphin de France. A Lyon, chez Joubert. In-4.

2004 — Le même, par Dupin. Petit in-fol.

3005 — Le même, par De Larmessin, d'ap. Toqué. In-fol.

2006 **Louis XV**, enfant, par Drevet, d'ap. H. Rigaud. In-fol.

2007 **Louis XV**, enfant, par B. Bernaërts, d'ap. L. F. D. B, Grand in-8.

2008 **Louis XV**, par N. De Larmessin, d'ap. Vanloo. In-fol.

2009 **Louis XV**, dans un médaillon entouré d'Amours et de figures allégoriques, par Louis Lempereur, d'ap. Boucher. Grand in-4, avant et avec la lettre. 2 pièces.

2010 **Louis XV**, par Lebeau, d'ap. Quéverdo. In-8.

2011 **Louis XV**, par Lemire. In-18.

2012 **Louis XV**, par Lebeau. In-8.

2013 **Louis XV**, par Daullé, d'ap. H. Rigaud. Petit in-fol.

2014 **Louis XV**, par Daullé, d'ap. Lemoine. Petit in-fol.

2015 **Louis XV**, par Dupin. Petit in-fol.

2016 **Louis XV**, par François, à la sanguine. Petit in-fol.

2917 **Louis XV** et Henri IV, par Lemire. In-18.

2018 **Louis XV** et Marie Leczinska, par Moyreau, d'ap. Vanloo. In-4.

2019 **Louis**, duc de Bourgogne, par Edelinck, d'ap. Detroy. In-fol.

2020 **Louis XIV** représenté à différents âges dans 10 médaillons, par Benoist. In-fol.

2021 **Louis XIV** et Louis XV dans des médaillons entourés de figures allégoriques, par Cochin fils. Petit in-fol.

2022 **Louis XIV**, enfant, par B. Audran, d'ap. Coypel. In-8.

2023 **Louis XIV** en empereur romain, par P. Lepautre. Grand in-4.

2024 **Louis XIV** en buste, couronné et entouré par des figures allégoriques ; par G. Edelinck , d'après J.-B. Corneille. Petit in-fol.

2025 **Louis XIV**, dans un médaillon soutenu par Minerve. Au bas, la Peinture et la Sculpture représentées par des figures allégoriques, par Thomassin, d'ap. L. de Boullongne. In-fol.

2026 **Louis XIV**, dans un médaillon soutenu par Minerve, par Simonneau, d'ap. Ant. Coypel. In-4.

2027 **Louis XIV**. A Paris, chez Hénault et Rapilly. In-8.

2828 **Louis le Grand** par Savart, belle ép. Barrière, Fontarabie

2029 **Louise-Henriette** de Bourbon Conti, par Desrochers. In-8.

2030 **Louise-Marie**, reine de Pologne, par Nanteuil, d'ap. Juste. In-4, 2e état. R. D. 164.

2031 **Luynes** (Louis d'Albert duc de), par Ingouf, d'ap. J.-F. Guillet. Petit in-fol.

2032 — (Paul d'Albert de), Cardinal, par Fessard, d'ap. Latinville. In-fol.

2033 **Madame**, fille du roi, par A. de St-Aubin, d'ap. Sauvage. In-18, avant la lettre.

2034 **Maillard** (Mlle), par Alix, d'ap. Garneray. En couleur.

2035 **Mailly** (de), archevêque de Reims, par Drevet, d'ap. Vanloo, avant la lettre. Rare. In-8 en travers.

2036 **Maintenon** (Mme de), par Céroni, d'ap. Petitot.

2037 — (Mme de), par Ficquet.

2838 **Malibran** (Mme), par Turner, d'ap. Decaisne. In-fol, avant la lettre.

2039 **Mansart** (Mre Jules Hardoüin), par Simonneau. d'ap. Detroy. In-fol.

2040 **Mara** (Mme), par J. Collyer, d'ap. P. Jean. In-4, en ovale.

2041 **Marie**, princesse de Pologne, par Tardieu, d'ap. J.-M. Nattier. In-fol.

2742 **Marie**, princesse de Pologne, reine de France et de Navarre, par J. Chereau, d'ap. Vanloo. In-fol.

2043 **Marie-Adélaïde** de France, princesse de Piémont, par Cathelin, d'ap. Ducreux. In-4.

2044 — Le même, par Voyez, d'ap. Fontaine. In-8.

2045 **Marie-Amélie,** par Ach. Lefebvre, d'ap. Winterhalter, avant et avec la lettre. 2 pièces in-fol.

2046 **Marie-Antoinette,** par Gaucher, d'ap. Moreau le jeune. In-18,

2047 **Marie-Antoinette,** par Macret, d'ap. Mme Lebrun. In-4, en couleur.

2048 — Le même, en noir.

2049 **Marie-Antoinette**, par Lebeau, d'ap. Leclerc. In-4.

2050 **Marie-Antoinette**, par Curtis, d'ap. Dufroc. In-fol.

2051 **Marie-Antoinette** dans un médaillon sur des nuages, entourée d'Amours et de figures allégoriques représentant les arts libéraux ; par L. Prevost, d'ap. Cochin. Petit in-fol.

2052 **Marie-Antoinette,** par Lebeau. In-32.

2053 **Marie-Antoinette,** par Bonvoisin, avant la lettre. In-8.

2054 **Marie-Antoinette,** par Lebeau. In-8.

2055 — Le même, par Lebeau, d'ap. Marillïer. In-8.

2056 — Le même, par Hubert. In-8.

2057 — Le même, par Cathelin, d'ap. Frédou. In-fol.

2058 — Le même, par Hubert, d'ap. Quéverdo. In-8.

2059 — Le même, par Lebeau. In-8.

2060 — Le même, par Lebeau, d'ap. Mauperin. In-8.

2061 — Le même, par Dupin, d'ap. Vanloo. In-4.

2062 **Marie-Antoinette,** par Ruotte, d'ap. Césarine F. Ovale en couleur. In-4.

2063 **Marie-Antoinette,** par Avril, d'ap. L.-A. In-4.

2064 **Marie-Antoinette,** par Cathelin, avant la lettre. In-4.

2065 — Le même, par Me L^{se} Boirot. d'ap. L. S. Boirot. in-4.

2066 **Marie-Antoinette,** par Lebert, d'ap. Kernoschii. In-8.

2067 **Marie-Antoinette,** par Pauquet, avant et avec la lettre. 2 pièces.

2068 **Marie-Antoinette,** par Hubert. Autre chez Henaut et Rapilly. In-8. 2 pièces.

2069 **Marie-Antoinette,** Mme du Barri, Duchesse de Berry. 3 pièces.

2070 **Marie-Antoinette,** la duchesse de Berri, Mme Élisabeth, la princesse de Lamballe, par divers. 6 pièces.

2071 **Marie Fœderowna** de Wurtemberg. A Paris, chez Esnauts et Rapilly. In-8.

2072 **Marie-Jeanne-Louise de Savoie** (Mme), par Dupin, d'ap. Drouais.

2073 — La même, par Brookshaw, à la manière noire, avant la lettre. In-fol.

2074 **Marie-Louise de Savoie** (Mme), par Cathelin, d'ap. Drouais. In-4. avant la lettre.

2075 — Le même, avec la lettre.

2076 **Marie-Louise,** par divers. 5 pièces.

2877 **Marie Leczinska,** par Duponchelle, d'ap. Nattier. In-8.

2078 **Marie Leczinska,** par Gaucher, d'ap. Nattier. In-18, avec le texte au verso.

2079 **Marie-Louise,** par divers. 9 pièces.

2080 **Marie-Thérèse,** princesse de Savoie, par Gaillard, d'ap. Campana. In-4.

2081 — Le même, chez Esnauts et Rapilly. In-4.

2082 **Marie-Thérèse**, mère de Marie-Antoinette, par Lebeau. In-8.

2083 **Marie-Thérèse-Louise** de Savoie Carignan, princesse de Lamballe, par Vérité, d'ap. Mme Lebrun. In-8.

2084 **Marie-Thérèse** (Mme Royale), par Levachez en couleur. In-8.

2085 **Marie-Thérèse**, infante d'Espagne, à Paris, chez Crépy. In-18.

2086 **Marie-Thérèse**, infante d'Espagne, par Dupin. Petit in-fol.

2087 **Marie-Thérèse**, reine de Hongrie, par Petit, d'ap. Martin de Meytens. In-fol.

2088 **Marie-Thérèse**, reine de Hongrie, par Daullé, d'ap. Martin de Meytens. In-4.

2089 **Marion de Lorme**, par Lebert, d'ap. Champagne. In-18.

2090 **Marivaux**, Prévost, Racine, par divers. 3 pièces.

2091 **Marmontel**, avant la lettre. A Paris, chez Bligny. In-8.

2092 — Autre, par Gaucher. In-16.

2093 — Autre, par Leroux, d'ap. Choquet. In-12.

2094 **Mars** (Mlle), par Niquet, d'ap. Deveria. Petit in-fol.

2095 **Massé** (Jean-Baptiste), par J.-G. Wille, d'ap. L. Tocqué. Grand in-fol.

2096 **Maurice**, comte de Saxe. A Paris, chez Charpentier. Petit in-fol.

2097 **Maurice de Saxe**, par J.-G. Wille, d'ap. H. Rigaud. In-fol.

2098 **Maury** (Jean Siffrein), par Godefroy. d'ap. Bernard d'Agessi. In-fol.

2099 **Mazarin** (Jules), par Nanteuil. R. D. 182. In-fol.

2100 **Mecklembourg** Louise-Auguste-Wilhelmine-Amélie, princesse de), par Alex. Tardieu, d'ap. Mme Lebrun. Grand in-8.

2101 **Mechlenbourg** (Sophie-Charlotte de), par Dupin, d'ap. Desrais. In-8.

2102 **Meulen** (François-Vander), par Van Schuppen, d'ap. N. de Largillière. Grand in-f°.

2103 **Mezetin**, par Vermeulen, d'ap. Detroy. In-f°.

2104 **Michu**, par Alix. En couleur.

2105 **Mignard** (Pierre), peint par lui-même et gravé par C. Vermeulen. In-f°.

2106 **Mignard** (Pierre), par J.-F. Schmidt, d'ap. H. Rigaud. Très-belle ép. avant l'astérisque. Grand in-f°.

2107 **Mignard** (Catherine), comtesse de Feuquière, par Daullé, d'ap. P. Mignard. In-f°.

2108 **Miller** (Mᶫˡᵉ), Mᵐᵉ Gardel, par Quenedey. Au physionotrace.

2109 **Mirabeau**, par Bréa, d'ap. Deseine, à la manière noire. Buste fort comme nature.

2110 **Mirabeau**, par Fiesinger, d'ap. Guérin. In-4° en ovale.

2111 **Miroménil** (Thomas de), par Lebeau. In-8.

2112 **Molé** (François-René-Molé), par Aug. de Saint-Aubin, d'ap. Aubry. In-4.

2113 **Molière**, par Beauvarlet, d'ap. S. Bourdon. In-f° avant la dédicace.

2114 — Le même, avec la dédicace.

2115 **Molière**, par Alix, d'ap. Garneray. En couleur.

2116 **Monsieur**, frère du roi, par Sergent, d'ap. Duplessis. En couleur.

2117 **Montaigne** (Michel de), par Aug. de Saint-Aubin. In-4.

2118 **Montpensier** (Mᶫˡᵉ de), par N. Poilly. Petit in-f°.

2119 **Moyreau** (Jean), gravé par lui-même, d'ap. Nonnotte. In-f°.

2120 **Musiciens**, par divers. 6 pièces.

2121 **Narcisse**, par Mondé, d'ap. Delorme. In-f°.

2122 **Necker**, par Sergent, d'ap. Duplessis, in-4. En couleur.

2123 **Necker**, par Aug. de Saint-Aubin, d'ap. J.-S. Duplessis. In-f°.

2124 **Netscher** (Gaspard), peint par lui-même et gravé
par Klauber. In-4.

2125 **Netscher** (Gaspard), peint par lui-même et gravé
par Ant. Hemery. In-f°.

2126 **Nivelle de la Chaussée**, par Miger, d'ap. Laro-
che. Petit in-f°.

2127 **Noailles** (Anne-Jules duc de), par Edelinck, d'ap.
Rigaud. Petit in-f° collé en plein.

2128 **Orléans** (Louis duc d'), per Drevet, d'ap. Ch. Coypel. In-4.

2129 **Orléans** (Mgr le duc d'), dans un médaillon entouré de figures allégoriques, par B. Picart, d'ap. Ant.
Coypel. Petit in-f°.

2130 **Orléans** (Mgr le duc d'), par Debucourt. En couleur
in-4 rare.

2131 **Orléans** (Louis-Philippe-Joseph, duc d'), par Sergent, noir et bistre. In-4.

2132 **Oudry** (Jean-Baptiste), par J. Tardieu, d'ap. de Largillière. In-f°.

2133 **Paoli**, général, par Vinkelès. In-8 avant la lettre.

2134 **Parabère** (Mme de). La Dame au nègre, sous les traits
de Flore, par Vallée, d'ap. Rigaud. In-f°.

2135 **Parrocel** (Joseph), par J. G. Wille, d'ap. H. Rigaud.
In-f°.

2136 **Pasiello**, par Beisson, d'ap. Mme Lebrun. Petit in-f°
avant la lettre.

2137 **Pasta** (Mme). Dessiné et gravé par Henriquel Dupont.
In-f°.

2138 **Pastas** (Mme), par Girard, d'ap. Paul Delaroche. In-f°
avant toutes lettres.

2139 **Paule de Gondy** (Mme), par Duflos, d'ap. Pezey. In-4.

2140 **Pecour** (Louis), par Chereau, d'ap. R. Tournière. In-f°.

2141 **Pélissier** (Mlle), par Daullé, d'ap. Drouais. In-f°.

2142 **Penthièvre** (De Bourbon duc de), par Fessard et Aug. de Saint-Aubin. Petit in-f°.

2143 **Perronet** (Jean-Rodolphe), par Aug. de Saint-Aubin, d'ap. Cochin fils. In-f°.

2144 **Pesne** (Antoine), peint par lui-même et gravé par G. F. Schmidt. In-f°.

2145 **Petion** (Jérôme), par Levachez, d'ap. Laplace. En couleur.

2146 **Phelypeaux** (Jean-Frédéric), par Petit, d'ap. L. M Vanloo. In-f°.

2147 **Philippe d'Orléans**, régent, par Chereau, d'ap. Santerre. In-18.

2148 **Pierre** (J.-B.-M.), à l'âge de 18 ans, par Müller. In-4.

2149 **Poisson** (Abel-François), par J.-G. Wille, d'ap. L. Toqué. In-f°.

2150 **Pompadour**, par Léopold Flameng, d'ap. Delatour. In-8 avant la lettre.

2151 **Pompadour** (Mme de), par Lebeau, d'ap. Quéverdo. In-8.

2152 **Pompadour** (Mme de). La Belle Jardinière, par Anselin, d'ap. Vanloo. In-4.

2153 **Pompadour** (Mme de), par Marcus Pitteri. Buste fort comme nature.

2154 **Porporati** (Mlle), par son père, d'ap. Mme Lebrun. In-4.

2155 **Portail** (Antoine), par P. Drevet, d'ap. Tournière. In-f°.

2156 **Potier** (François-Joachim), duc de Gesvres, par Petit, d'ap. L.-M. Vanloo. In-f°.

2157 **Préville** (Dubus), par Alix. En couleur,

2158 **Préville**. Comédien français. Romanet del et sculp. Petit in-f°.

2159 **Préville** (Angélique-Drouin, femme), par Devaux, d'ap. Simonnet. Grand in-4.

2160 **Prix** (Mme la marquise de), par Chereau, d'ap. Vanloo. Petit in-f°.

2161 **Puget** (Pierre), peint par son fils et gravé par Jeaurat. Petit in-1°.

2162 **Rabaut-Saint-Etienne**, par Beisson, d'ap. Boze. In-f° avant la lettre.

2163 **Récamier** (Mme), par Ant. Cardon, d'ap. Cosway. En couleur, in-4.

2164 **Renaut** (Mlle) l'aînée; Mme d'Avrigny, par Beljambe, d'ap. E. Monnet, en bistre. In-4 en ovale.

2165 **Restout** (Jean), par P.-E. Moitte, d'ap. Delatour. In-f°.

2166 **Richer** (Charles), par Lépicié, d'ap. Latour. Petit in-f°.

2167 **Rigaud** (Hyacinthe), peint par lui-même et gravé par Daullé. In-f°.

2168 **Rigaud** (Hyacinthe), peint par lui-même et gravé par Drevet. Grand in-f°.

2169 **Roland** (Mme), par Dien, avant toutes lettres. In-16.

2170 **Roslin** (Alexandre), peint par lui-même et gravé par P. Floding. In-f°.

2171 **Rousseau** (Jean-Jacques et Jean-Baptiste), par Ficquet. 2 pièces.

2172 **Rousseau** (Jean-Baptiste), par G.-F. Schmidt, d'ap. J. Aved. Petit in-f°.

2173 **Sage** (B.-G.), par Demarcenay. In-8.

2174 **Saint-Aubin** (Mme de). Gravé par Debucourt. In-4.

2175 **Saint-Aubin** (Mme). Petit in-f° en couleur, dans la manière de Janinet.

2176 **Saint-Aubin** (Mme), par Alix, d'ap. Garneray. En couleur.

2177 **Saint-Aubin** (Mlle Alexandrine), en pied, par Charon. Petit-in-f°.

2178 **Saint-Germain** (Le comte de), par Thomas, avant la dédicace. In-f°.

2179 **Sallé** (Mlle). L'Après-Dîné, par Petit, d'ap. Fenouil. petit in-f°.

2180 **Saxe** (Marie-Josèphe de), dauphine de France, par Delarmessin, d'ap. Vanloo. In-f°.

2181 **Séchille** (Hérault de), par Miger, d'ap. Laneuville. In-4 avant la lettre.

2182 **Seine** (Catherine de), par Lépicié, d'ap. Aved. In-f°. A Paris, chez Surugue.

2183 **Silvia** (Mme), par Surugue, d'ap. Delatour. In-f°.

2184 **Soufflot** (Jacques-Germain). A Paris, chez Bligny. Grand in-4.

2185 **Staël** (Mme de), par Bouvier, avant la lettre. In-4.

2186 **Stanislas** 1er, roi de Pologne, et **Catherine Opalinska**, par Moyreau, d'ap. Vanloo. In-4.

2187 **Taglioni** (Mlle) et **Mazilier**, par Lepaulle. In-f° avant la lettre.

2188 **Talma**, par Girard, d'ap. Gérard. In-f° avant la lettre.

2189 **Target** (G.-J.-B.), avocat. Chez Lecœur. In-32.

2190 **Teresa Strinasacchi**, par Francesco Novelli, d'ap. Pietro Bini, à l'eau forte. In-4 en ovale. Très-rare.

2191 **Thielo** (Caroline-Amalie), par P. In-4.

2192 **Thierry** (Jean), par Thomassin. d'ap. N. de Largillière. In-f°.

2193 **Tocqué** (Louis), par J. Cathelin, d'ap. J. M. Nattier.

3 - 2194 **Tonelli** (Mlle), par Lempereur, d'ap. L. Glain. In-8.

1.50 2195 **Tressan** (Louis-Elisabeth de Lavergne, comte de), par Delaunay, d'ap. Borel. — Autre, par Fittler. In-8. 2 pièces.

6 - 2196 **Trudaine**, par Carmontelle. In-4.

3. 2197 **V***** (Mme la marquise de), surnommée belle et bonne par Voltaire, par Mme Lingée, d'ap. Pujos.

6.50 2198 **Vanloo** (Carle), par Klauber, d'ap. Lesueur. Petit in-f° avant la dédicace.

2199 **Vanloo** (Carle), par Klauber, d'ap. Pierre Lesueur. In-f°.

2200 — Le même Personnage, peint par lui-même et gravé par Demarteau. In-f° à la sanguine.

2201 **Vanloo** (Louis-Michel), peint par lui-même, travaillant au portrait de son père, Jean-Baptiste Vanloo, et gravé par Ch. Miger. In-fol.

1 - 2202 **Verdier** (François), peintre, par Desrochers, d'ap. Ranc. Petit in-fol.

13.50 2203 **Vergennes** (Le comte de). Par Berwic ; avant la lettre. In-fol.

2204 **Vermont** (Hyacinthe-Colin de). Par Salvador Carmona, d'ap. Roslin Suédois. In-fol.

8 2205 **Vernet** (Joseph), par Cathelin, d'ap. L.-M. Vanloo. In-fol.

2206 **Victor-Amédée III**, roi de Sardaigne. par Aug. de St-Aubin, d'ap. Boucheron. In-fol.

2207 **Vien** (Joseph), par Miger, d'ap. Mme Guiard. In-fol.

11.50 2208 **Vigée Lebrun** (Mme), gravé par Müller, d'ap. Mme Lebrun. In-fol.

8 2209 **Villars** (Louis-Hector, duc de), par P. Drevet, d'ap. H. Rigaud. In-fol.

2 2210 **Visscher** (Corneille), peint par lui-même, et gravé par B. Audran. In-fol.

2211 **Vleughels** (Nicolas), par E. Jeaurat, d'ap. Ant. Pesne. In-fol.

2212 **Voisenon** (l'abbé de), par divers; 3 pièces. In-8.

2213 **Voltaire**, par Ficquet.

2214 **Voltaire**, par Alix, d'ap. Garneray. En couleur.

2215 **Voltaire**, couronné par Mlle Clairon, par Dupin, d'ap. Desrais. — Mlle Clairon couronne le buste de Voltaire ; à Paris, chez Alibert. 2 pièces.

2216 **Voltaire** aux Enfers. — Visite de Mlle Clairon à Ferney. 2 pièces.

2217 **Voltaire**, par divers. 7 pièces.

2218 **Voltaire**, par divers. 10 pièces.

2219 **Voyer de Paulmy**, comte d'Argenson, par Petit, d'ap. H. Rigaud. In-4.

2220 **Walbone** (le Barbier de), par Aubertin ; d'ap. Isabey. In-fol.

2221 **Waldner** (C. F. D. comte de), par Delafosse ; d'ap. Carmontelle. Petit in-fol.

2222 **Washington**, par Chevillet; d'ap. Bounieu. In-fol.

2223 **Wille** (J.-G.), par Ingouf; d'ap. P.-A. Wille fils. in-4.

2224 **Wille** (Jean-George, par Müller, d'ap. J.-B. Greuze. Petit in-fol.

2225 **William Pitt**. In-fol.; en couleur.

2226 **Wouwermans** (Philippe), par Dupuis, d'ap. Vischer. In-fol.

PIÈCES HISTORIQUES

Scènes de mœurs, Costumes, Caricatures

36 2227 L'heureux Accouchement de Mme La Dauphine, et la naissance d'un duc de Bourgogne, par Humblot.

4 . 2228 Les Adieux de Louis XVI à sa famille. Eau-forte non terminée. Pièce sans nom.

2 .fo 2229 Les Adieux de Calas à sa famille, par Henne, d'ap. Agrain.

— 2230 Le Maréchal ferrant de la Vendée, par Copia, d'ap. Sablet. Avant la lettre. Très-belle ép.

2 . fo 2231 Entourage pour un portrait de Marie-Antoinette d'Autriche. En couleur.

25 . 2232 Projet d'un monument à ériger pour le roi, par Janinet, d'ap. de Varène. Pièce curieuse et rare. En couleur, avec les signatures de Janinet et de Devarenne au verso.

75 . 2233 La Constitution française, pièce allégorique en couleur, dans la manière de Debucourt.

2 . fo 2234 Le Feu d'artifice, fêtes données au Roi et à la Reine, par la ville de Paris, par J.-M. Moreau ; d'ap. L. Moreau.

5 , 2235 Décoration du bal masqué donné par le Roi, par Cochin père, d'ap. Cochin fils.

3 . fo 2236 Décoration de la Salle de festin. Ép. avant toutes lettres.

3 . fo 2237 Vue perspective de la décoration élevée sur la terrasse du château de Versailles, pour l'illumination et le feu d'artifice, qui a été tiré à l'occasion de la naissance de Monseigneur le duc de Bourgogne, le 30 décembre 1751. Gravé par Marvie et Ouvrier, d'ap. Mr Slodtz.

1 — 2238 Vue perspective de la décoration élevée sur la terrasse du château de Versailles, pour l'illumination et le feu d'artifice, qui a été tiré à l'occasion du mariage de Madame Louise-Élisabeth de France, avec Don Philippe, second infant d'Espagne, le 26 août 1739. Gravé par Cochin fils, d'ap. De Bonneval.

2 2239 Arrivée de la Reine à l'Hôtel-de-Ville, le 21 janvier 1782, par J.-M. Moreau, d'après L. Moreau.

2 2240 Revue de la maison du Roi au Trou-d'Enfer, par Lebas, d'ap. Le Paon.

6·50 2241 Les Ennuyés chez eux. (Intérieur du café Procope ?) Très-belle ép. avant la lettre.

8·50 2242 Les Incroyables. — Faites la paix. — C'est inconcevable. — Tu n'es pas reconnaissable. 3 petites réductions.—La Rencontre des merveilleuses, séparée en deux. 4 pièces.

10 — 2243 Les Incroyables, par Darcis, d'ap. C^{le} Vernet. En couleur.

9·50 2244 La même, en noir.

50 — 2245 Point de convention, par Tresca. En couleur.

35 — 2246 La même, en noir.

41 — 2247 Bal de Société, d'ap. Bosio. Colorié.

30 — 2248 Bal de l'Opéra, d'ap. Bosio. Colorié.

17·50 2249 Comité de l'An deuxième. A Paris, chez J.-B. Huet fils.

46 — 2250 L'Escamoteur, par Ruotte, d'ap. Bosio. Colorié.

50 — 2251 Oh ! c'est bien ça, par Levachez, d'ap. C^{le} Vernet. En couleur.

12 — 2253 La même, le titre changé et remplacé par : Costumes modernes français et anglais.

20 — 2253 Marche incroyable, par Bonnefoy, d'ap. L. Boilly. Très-belle ép. avant la lettre.

11 — 2254 La même, avec la lettre.

40 — 2255 Costumes anglais, d'ap. C^{le} Vernet.

8-80 2256 Départ des remplacés, ou tableau de Paris et de la France, en floréal.

4-80 2257 La pièce curieuse, par Darcis, d'ap. L. Boilly.

3. 2258 Chacun son tour. — J'espère, citoyen, m'en sauver par l'agiotage. — A vous, milord, les papillottes ; l'argent nous est revenu.

14. 2259 Les croyables Actifs du Palais ci-devant Royal.

9-80 2260 Le Riche du jour ou le Prêteur sur gages, par Julien.

47. 2261 Pauvre Rentier ruiné.— Merlan à frire à frire…. par Julien.

4.80 2262 L'Anglomane, par Darcis, d'ap. Cle Vernet.

20 — 2263 La Folie du jour, par Tresca. En couleur.

35 - 2264 La même, en noir.

66 — 2265 Les Héroïnes d'aujourd'hui, pièce curieuse pour les costumes.

10 2266 L'Inconvénient des perruques, par Darcis, d'après Cle Vernet.

21- 2267 Le Trente-Un, ou la Maison de prêt sur nantissement, par Darcis, d'ap. Guérain.

71 - 2268 Le Sérail parisien, par Blanchard, d'ap. Naudet. En bistre.

65- 2269 L'Escamoteur. — La Diseuse de bonne aventure, 2 pièces, par Morette, d'ap. Pasquier. En couleur.

78 2270 Le Thé parisien. Colorié.

32 2271 La même, en bistre.

160 - 2272 Promenade de Longchamps. Ép. coloriée.

82. 2273 La Bouillote, d'ap. Bosio. Ép. coloriée.

36 - 2274 La même, en noir.

14 - 2275 Faites la paix, par Devilly. En couleur.

13 - 2276 La même, en noir.

13-80 2277 Ah ! beaucoup vous critiquent ! mais peu vous imitent, par Marchand, d'ap. Bosio. Avant la lettre.

9-80 2278 La même, avec la lettre.

18 — 2279 Les Croyables au Péron, par Tresca. En couleur.

37 — 2280 La même, en noir.

11 — 2281 La Science du jour. A Paris, chez Toulouse.

22 — 2282 Les Merveilleuses, par Darcis, d'ap. C. Vernet.

56 — 2283 La Rencontre des incroyables, par Ruotte, d'ap. Bunbiry. En couleur.

56 — 2284 Le Déjeuner, par Gabriel. En couleur.

35 — 2285 Les Croyables au tripot.

100 — 2286 La Rencontre des merveilleuses, par F^me Lefèvre, d'ap. Baubini. En couleur.

32 — 2287 Incroyables, petites réductions. 15 pièces.

221 — 2288 Manières et modes du jour, par Debucourt. 45 pièces.

300 — 2289 Costume parisien; an VI, VII et VIII. 216 pièces.

208 — 2290 Costume parisien; an IX, X et XI. 213 pièces.

208 — 2291 Costume parisien; an XII, XIII et XIV. 241 pièces.

248 — 2292 Costume parisien; 1807 à 1811. 251 pièces.

255 — 2293 Costume parisien; 1812 à 1817. 280 pièces.

155 — 2294 Costume parisien, de 1818 à 1822. 180 pièces.

220 — 2295 Costume parisien, de 1823 à 1831. 245 pièces.

280 2296 Costumes de théâtre. — Académie impériale de musique. — Théâtre français. — Opéra-comique. 328 pièces. A Paris, chez Martinet.

235 — 2297 Costumes de Théâtre. — Italiens. — Odéon. — Renaissance. — Vaudeville. — Variétés. — Gymnase. Palais-royal. — Porte-St-Martin. 246 pièces. A Paris, chez Martinet.

26 - 2298 Costumes de théâtre, par Martin, Leclerc. 14 pièces.

18 2299 Costumes français, par Watteau fils. 53me cahier, par Lebeau, 6 pièces.

17·50 2300 54me Cahier, par Dupin. 6 pièces.

60 - 2301 56me Cahier, par Lebeau, 6 pièces.

2302 58ᵐᵉ Cahier, par Baquoi. 4 pièces.

2303 59ᵐᵉ Cahier, par Baquoi. 5 pièces.

2304 61ᵐᵉ Cahier, par Dupin. 6 pièces.

2305 Costumes de Modes. Actrices. 14 pièces.

2306 Collection de Costumes français en habillements à la mode et au Théâtre dessinés par MM. Desrais et autres maîtres, à Paris, etc. 3 pièces.

2307 Les Modes passées et présentes ; pièce très-curieuse et rare gravée à l'eau-forte ; à Paris, chez Beaublé fils.

2308 Merveilleuses, Incroyables, par Gatine, d'ap. Horace Vernet. 23 pièces coloriées.

2309 Divers Costumes français du règne de Louis XIV, par Séb. Leclerc. 30 pièces.

2310 Sacre et Couronnement de Louis XVI, roi de France et de Navarre, à Reims, le 11 juin 1775. 51 pièces, titres compris, gravées par Patas. M.DCC.LXXV. In-4, en feuille.

2311 Les Amateurs de Plafonds au Salon ; Promenade au bois de Vincennes, par Debucourt ; Femmes d'aujourd'hui et Femmes d'autrefois. Vive la Danse et le Pas de trois, etc. 22 pièces.

2312 Costumes de haute et moyenne classe ; la Mort du patriote Marat ; un Sans-Culotte outrageant l'humanité ; les zonnètes Zens m'avaient soizi et je me suis trouvé : Lhardy. Réception du décret du 18 floréal ; les Modes passées et présentes, etc. 17 pièces.

2313 La Galerie du Palais-Royal ; Pavillon de la Paix ; Quel est le plus ridicule ; Bains Vigier ; etc. 8 pièces.

2314 Le Thé anglais ; la Famille anglaise au Muséum à Paris ; Mylord Lingot prenant un abonnement d'amour chez une danseuse de l'Opéra ; la Poule, etc. 30 pièces.

78 — 2315 Le bon Genre. 27 pièces.

56 — 2316 Le suprême bon Ton. 17 pièces.

81 · 2317 Allons! Messieurs, pour Versailles, Saint-Cloud, Neuilly ; les Apprêts pour Tivoli. Eh vite à Tivoli ! le Coup de vent, etc. 19 pièces.

42 · 2318 Modes du jour ; les Patineurs du bon genre ; la Roulette ; la Tireuse de cartes ; le suprême bon Ton, etc. 18 pièces.

29 — 2319 Armée des Souverains alliés, année 1815. 19 pièces.

16 · 2320 Le Lever des ouvrières en linge ; le Coucher des ouvrières en linge. 3 pièces dont une double.

25 · 2321 Caricatures diverses. Ah mon Dieu ! nous sommes perdus ! Voilà nos mâchoires qui décampent. L'abbé-Tise. Quel guignon !! Entre deux selles le C... par terre. Ah ! si j'avais ce qui te manque. Bon nous voilà d'accord. Le Jugement de Pâris, etc. 21 pièces.

40 - 2322 Caricatures parisiennes. 23 pièces.

RECUEILS

300 - 2323 Œuvres de Molière, avec les figures de Laurent Cars, d'ap. Boucher. Très-belle édition en 6 vol. in-4, reliés.

106 2324 Figures pour les œuvres de Molière, par Laurent Cars, d'ap. Boucher. 1 vol. in-4. rel.

112 2325 Figures pour les œuvres de Molière, par Laurent Cars, d'ap. Boucher. 1 vol. in-4. cartonné.

271 - 2326 Les Métamorphoses d'Ovide, gravées sur les dessins des meilleurs peintres français, par les soins des sieurs Lemire et Bazan graveurs. 1re édition en 4 vol. in-4, rel.

88. 2327 Collection de Vignettes, Fleurons et Culs-de-Lampes : ou Suite chronologique de faits relatifs à l'histoire de France, composés par M. Cochin et gravés en partie par lui-même, en 40 planches, à Paris, chez Prevost, graveur. M.DCC.LXVII. In-4, cartonné.

30 2328 Figures pour la Jérusalem délivrée du Tasse, d'ap. Cochin. 41 planches en 1 vol. cartonné, in-4.

78 - 2329 Estampes des Amours pastorales de Daphnis et Chloë, par Audran, d'ap. Philippe régent. 28 pièces, y compris les deux titres.

31 . 2330 Don Quichotte, par Bernard Picard, d'ap. Ch. Coypel. 31 pièces in-4, en feuille.

18 - 2331 Les Aventures de Télemaque, par Tilliard, d'ap. Monnet. 49 pièces, y compris les titres. 1 vol. in-4.

62 . 2332 Contes de Lafontaine, par Fragonard. 20 pièces.

98 2333 Cabinet des Modes. 1 vol. in-8, contenant 60 planches. A Paris, chez Buisson, M.DCC.LXXXV.

86 2334 Nouveau Recueil d'estampes faites pour l'édition in-12 des Fables de M. De la Motte par C. Gillot. 116 pièces, titres compris.

31 2335 Vues de Paris et autres, par Lecampion Janinet; en couleur. 67 pièces.

985. 2336 Costumes des règnes de Louis XV et Louis XVI, dessinés par Desrais, Leclerc, et gravés par divers. 312 pièces reliées en 2 vol. in-fol.

900 - 2337 Galerie des Modes et Costumes français dessinés d'après nature, gravés par les plus célèbres artistes en ce genre, et coloriés avec le plus grand soin par Mme Lebeau. 326 costumes sur 202 feuilles, in-fol. relié.

44 2338 Vues de Venise par Ant. Visentini, d'après Ant. Canale ; recueil de 40 estampes en trois parties, y compris le frontispice et les portraits, reliées en 1 vol. oblong.

21 2339 Vues de Venise, par Michaël Marieschi. Suite de 22 pièces numérotées.

120 - 2340 Le Sacre de Louis XV, roy de France et de Navarre, dans l'Eglise de Reims, le dimanche XXV octobre MDCCXXII ; recueil en deux parties, orné de 72 planches par différents artistes mentionnés à la fin du vol. Grand in-fol., riche reliure aux armes et au chiffre de Louis XV.

88. 2341 Courses de Têtes et de bague, faites par le Roi et par les Princes et Seigneurs de sa cour, en l'année M.DC.LXII. Recueil in-fol. orné de 47 figures, belle reliure.

31. 2342 Les principales Journées de la Révolution française; recueil de 15 estampes gravées par Helman, d'ap. les dessins de Monnet. 1 vol. in-fol. cartonné.

600 2343 Recueil de 30 dessins originaux à l'aquarelle, attribués à Berain, pour un carrousel, représentant différents Cavaliers dans de riches costumes ornementés, Chevaux harnachés et caparaçonnés. 1 vol. in-fol. relié.

2344 Don Quichotte, par Ch. Coypel. 31 pièces. — Le Roman comique, par Pater. 16 pièces. — Le Roman comique, par Oudry. 26 pièces. En tout 73 pièces réunies en 1 vol. in-fol. relié.

2345 Figures de différents caractères de Paysages et d'Études dessinées d'ap. nature, par Antoine Watteau, gravées à l'eau-forte par les plus habiles peintres et graveurs du temps. 2 vol. in-fol. reliés.

2346 Fables choisies et mises en vers, par J. Delafontaine, avec les figures d'Oudry, gravées par divers, superbes ép., 4 vol. in-fol. reliés.

2347 Les Hommes illustres, de Perrault. Recueil orné de 55 portraits, très-belles ép., reliés en 1 vol. in-fol.

2348 Le Temple des Muses, par Bernard-Picart. A Amsterdam, chez Z. Chatelain. 1 vol. in-fol. relié.

2349 Tableau historique de la Révolution française, par Berthault, d'ap. Prieur. 1 vol. in-fol. relié.

2350 Sous ce numéro, les lots omis.

2351 Deux Meubles à gravures, fort bien conditionnés, en acajou, avec tablettes en chêne à coulisses.

Renou et Maulde, imprimeurs de la Compagnie des Commissaires-Priseurs, rue de Rivoli, 144.   21118

RENOU & MAULDE

IMPRIMEURS DE LA COMPAGNIE DES COMMISSAIRES-PRISEURS

Rue de Rivoli, 144.

www.ingramcontent.com/pod-product-compliance
Lightning Source LLC
LaVergne TN
LVHW010111070726
842525LV00017B/1169